国家社会科学基金项目(14CJY016)成果

国家社科基金丛书
GUOJIA SHEKE JIJIN CONGSHU

我国养老金缺口测算及对策研究

Assessing and Solving
the Unfunded Pension Burden in China

王立剑　著

人民出版社

前　　言

人口老龄化背景下,世界大多数国家面临养老金的财务不可持续性危机。国际养老金制度改革的趋势主要有两种:一是依赖市场的养老金私营化改革。例如,智利、哥伦比亚、阿根廷等国家采用专业化养老金公司模式运营养老保险,试图跨越中等收入陷阱;美国的401(k)、403(b)、457等计划,推动了养老保险体系私营化。二是依赖政府的养老金福利化改革。例如,芬兰实施最低养老金保障制度;墨西哥为65岁以上无其他养老金收入者建立非缴费型养老金制度;加拿大致力于提高非公款型老年保障金水平。我国基本养老保险制度顶层设计应当具有中国特色,要体现社会主义政治制度的优越性,国家保障老年居民的基本生活;要体现社会主义市场经济制度的优越性,以个人缴费差异体现养老保障效率;要吸取国际经验与教训,政府与市场相结合提供养老金保障,少走弯路。

2016年以来,我国加快了职工基本养老保险制度完善和政策调整步伐:

一是完善或建立职工基本养老保险省级统筹制度、中央调剂金制度、关系转移接续制度,改革社会保险费征缴体制。《人力资源社会保障部、财政部关于进一步完善企业职工基本养老保险省级统筹制度的通知》(人社部发〔2017〕72号)要求企业职工基本养老保险制度、缴费政策、待遇政策、基金使用、基金预算和经办管理实现省级"六统一",2020年底实现省级基本养老保险基金统收统支;《国务院关于建立企业职工基本养老保险基金中央调剂制度的通知》(国发〔2018〕18号)决定建立养老保险基金中央调剂制度,2018—2020年上解比例分别为3%、3.5%、4%;《人力资源社会保障部关于城镇企业职工基本养老保险关系转移接续若干问题的通知》(人社部规〔2016〕5号)、《人力资源社会保障部办公厅关于职工基本养老保险关系转移接续有关问题的补充通知》(人社厅发〔2019〕94号)对跨省、机关事业单位工作人员、退役军人等养老保险关系转移接续办法作了规定;《深化党和国家机构改革方案》和《国税地税征管体制改革方案》,明确社会保险费由税务部门统一征收。

二是阶段性降低社会保险缴费率、缴费基数,阶段性减免社会保险费,调整退休人员基本养老金水平。《人力资源社会保障部、财政部关于阶段性降低社会保险费率的通知》(人社部发〔2016〕36号)、《人力资源社会保障部、财政部关于继续阶段性降低社会保险费率的通知》(人社部发〔2018〕25号)、《国务院办公厅关于印发降低社会保险费率综合方案的通知》(国办发〔2019〕13号)相继将职工基本养老保险单位缴费比例下降为20%、19%、16%,并合理降低部分参保人员和企业的社保缴费基数;《人力资源社会保障部、财政部、税务总局关于阶段性减免企业社会保险费的通知》(人社部发〔2020〕11号)提出可根据受疫情影响情况和基金承受能力,免征中小微企业三项社会保险单位缴费部分,免征期限不超过5个月,对大型企业等其他参保单位(不含机关事业单位)三项社会保险单位缴费部分可减半征收,减征期限不超过3个月;《人力资源社会保障部、财政部关于2020年调整退休人员基本养老金的通知》(人社部发〔2020〕22号)要求,人均基本养老金调整率为5%。

与此同时,机关事业单位养老保险制度和城乡居民基本养老保险制度也在不断提高养老金待遇。这些制度完善和政策调整直接影响了养老保险基金财务结构和收支平衡。职工基本养老保险省级统筹影响缴费率、平均缴费工资、平均缴费指数、平均替代率;中央调剂制度直接影响职工基本养老保险基金财务结构;养老保险关系转移接续制度对基金收入和支出都有影响;改革社会保险费征缴体制提升了基金征缴率;阶段性降低社会保险缴费率、缴费基数及阶段性减免企业社会保险费减少了企业职工基本养老保险基金收入;调整退休人员基本养老金水平增加了企业职工基本养老保险基金支出。按照基本养老保险基金精算平衡原则,必然会引发财务不可持续风险。

我国基本养老保险制度实行财政兜底,以财政补贴的形式弥补基金收支缺口。近十年来我国基本养老保险的财政补贴总额已超过3万亿元。但是,政府的财政保障并不是无限的,而是针对基本养老保险基金收支缺口有一个适度财政保障能力,如果基本养老保险基金收支缺口超过适度财政保障能力,那么基本养老保险制度就不具备财务可持续性。尽管中央调剂制度从实现基本养老保险制度可持续发展的目标出发,在不同省份之间调剂基金结余和基金缺口,但是,中央调剂金总规模有限,相较于基金缺口总额仍显不足。

在人口老龄化、经济增长预期下行双重压力下,再加上基本养老保险制度完善和政策调整步伐加快,基本养老保险制度财务可持续性风险日益凸显。准确测算制度完善和政策调整背景下,我国基本养老保险基金收支状况，判断短期、"十四五"、中长期企业职工基本养老保险财务可持续风险，进而提出应对风险的方案，是亟须研究的现实问题。

本书在对相关概念和理论进行梳理基础上，分析我国养老金制度整合与完善历程、现状及未来趋势，通过精算建模法构建企业职工基本养老保险、城乡居民基本养老保险、机关事业单位工作人员养老保险基金收支缺口精算模型，运用 Matlab 求解精算模型，开展实证研究；以此为基础，按照 2020—2035 年、2036—2050 年两个阶段的基本养老保险制度整合方案，测算制度整合后我国面临的基本养老保险养老金缺口，判断这一养老金缺口的财政可持续性，进而在征求专家意见基础上，从推进基本养老保险制度顶层设计、优化基本养老保险制度主要参数、拓宽基本养老保险基金保值增值运营体系等方面，提出缓解基本养老保险养老金缺口压力的对策建议。

本书采用精算仿真法定量分析不同时期制度完善和政策调整背景下，基本养老保险基金收支变动趋势，能够为防范养老保险可持续性风险、完善基本养老保险制度提供决策参考；本书在对国外经验进行梳理基础上，着眼于应用经济学、社会保障学、精算学、人口学的交叉研究领域，把精算建模和仿真方法应用到基本养老保险基金收支平衡测算中，提出应对基本养老保险可持续风险的政策方案，并提出完善基本养老保险制度的对策建议，对建成可持续的基本养老保险制度具有现实意义。

本书在写作过程中，参考了大量的养老保险政策资料和研究文献，特别是党的十八大以来我国养老保险政策调整资料，中国社会保障学会养老金分会的相关专家也给本书的写作提供了诸多理论指导。在写作过程中，我指导的博士研究生代秀亮、杨柳、邸晓东，硕士研究生金蕾、王婷、凤言、张雨婷、陈燕菊、高宇等承担了大量的中英文资料收集、书稿格式整理等工作。写作过程中也遇到很多困难,并且数易其稿,在此向为本书的写作提供帮助和指导的各位专家表示感谢,同时特别感谢人民出版社对本书的支持。

王立剑

2020 年 7 月 4 日

目　　录

第一章 绪 论

第一节 问题提出

一、研究背景

养老是任何一个社会成员都无法回避的社会问题。在传统的农业社会，土地收入是社会成员的主要经济来源，在收入增长驱动下，内在地要求最小生产单位人口的快速增长和财富在最小生产单位范围内的代际交换，为养老提供人力和财力条件，并按照时间顺序，由氏族、家族或家庭承担养老责任。进入工业化社会之后，资本、技术开始替代劳动，家庭收入的稳定性降低，生育观念由人口数量向人口质量转变，再加上人口区域流动、代际观念差异的加剧，家族、家庭为老年人口提供赡养服务的功能逐渐弱化。从 17 世纪的英国探索现代社会保障制度开始，社会养老作为一种正式的制度安排逐步承接家庭养老的功能，并成为应对人口老龄化的社会保障项目之一。社会养老所需要的资源可以分为资金和服务两类，其中资金是社会养老面临的首要问题。

世界各国都在探索适合本国的社会养老保险制度。1889 年，德国建立了世界上第一个现代意义上的社会养老保险制度，劳动者在职时缴费并得到承诺在退休后可以领取养老金。继德国之后，欧洲其他一些国家相继建立起类似的社会养老保险制度,并通过立法的形式予以保障。西方国家由于人口老龄化进程的加快,再加上经济发展缓慢、过高的福利待遇造成的浪费和对社会保障制度的依赖,以及过高的社会保障管理成本,养老保险制度的可持续问题成为其面临的重要社会问题。因此,这些国家普遍开始设法减少福利依赖,改革围绕着增加社会保障收入和控制福利开支进行,逐步削弱社会保障开支在国内生产总值中的比例。众多经济体制转型国家也参照发达国家社会保障制度改革的做法,开始建立多层次的社会保险体系以减轻国家财政负担,提高养老保险制度的可持续发展能力。1995 年,世界银行提出了包括"法律强制的公共养老金、企业和个人共同缴纳的职业养老金、个人养老储蓄"的"三支柱"社会养老保险体系;2005 年 12 月,世界银行在"三支柱"的基础上,增加了非缴费型老年生活保障金和家庭养老保障责任两个支柱,形成了确保老年人经济安全的"五支柱"模式,成为世界各国发展多层次社会养老保险制度的框架指导。①

我国自 20 世纪末就已经进入老龄化社会,且表现出老年人口总量大、增长速度快、贫困发生率高、失能半失能老人多等特点。统计数据显示,2018 年底,全国 60 周岁及以上老年人口总数达到 2.49 亿人,占当年总人口的 17.9%,其中 65 周岁及以上老年人口总数达到 1.66 亿人,占当年总人口的 11.9%②;60 周岁及以上人口,在 2020 年将达到 2.43 亿人,2025 年将突破 3 亿人③;老龄人口中,贫困老年人口约有 8.5%④,失能半失能老年人约有 17%,到 2020 年失能半失能老年人将增加到 4500 万人⑤。亟须探索适合中国实际的社会养老保险制度。

---

① 汤兆云、陈岩:《从三支柱到五支柱:中国社会养老模式的未来选择》,《广东社会科学》2015 年第 4 期。

② 数据来源于《2018 年民政事业发展统计公报》。

③ 数据来源于《国务院关于加快发展养老服务业的若干意见》。

④ 赵殿国:《建立新型农村社会养老保险制度》,《中国金融》2007 年第 6 期。

⑤ 数据来源于《社会养老服务体系建设规划(2011—2015 年)》。

　　我国历来高度重视社会养老保险制度建设。1951 年,政务院颁布《中华人民共和国劳动保险条例》,开始实行劳动保险制度,开启了我国社会保险制度建设的历程;1978 年,《国务院关于颁发〈国务院关于安置老弱病残干部的暂行办法〉和〈国务院关于工人退休、退职的暂行办法〉的通知》(国发〔1978〕104 号),规定了退休待遇根据职工工龄长短,按本人退休前标准工资的一定比例计发;1986 年,国务院颁布《国营企业实行劳动合同制暂行规定》(国发〔1986〕77 号),要求按完全积累模式建立养老保险制度;1991 年,国务院颁布《国务院关于企业职工养老保险制度改革的决定》(国发〔1991〕33 号),探索实施由国家、企业、个人多方主体共同负担的社会养老保险制度模式,在此基础上,我国社会养老保险制度模式逐渐开始建立发展;1995 年,《国务院关于深化企业职工养老保险制度改革的通知》(国发〔1995〕6 号)颁布,这推动了社会统筹与个人账户相结合的企业职工社会养老保险制度在我国的试行和推广;此后,国务院于 1997 年颁布了《国务院关于建立统一的企业职工基本养老保险制度的决定》(国发〔1997〕26 号),正式确定了"统账结合"的社会养老保险制度模式,并于 1998 年开始在全国统一施行;2005 年,国务院颁布《国务院关于完善企业职工基本养老保险制度的决定》(国发〔2005〕38 号),这一政策要求调整优化我国企业职工基本养老保险制度相关参数,将个人缴费率调整为 8%;2019 年,《国务院办公厅关于印发降低社会保险费率综合方案的通知》(国办发〔2019〕13 号),结合我国经济形势规定,"自 2019 年 5 月 1 日起,降低城镇职工基本养老保险(包括企业和机关事业单位基本养老保险,以下简称"养老保险")单位缴费比例。各省、自治区、直辖市及新疆生产建设兵团(以下统称"省")养老保险单位缴费比例高于 16% 的,可降至 16%;目前低于 16% 的,要研究提出过渡办法"。

　　在探索企业职工基本养老保险制度建设的同时,我国也在不断加快城乡居民基本养老保险制度建设步伐。从 20 世纪 80 年代中期开始,我国探索在经济发展水平相对较高的地区率先建立实施农村社会养老保险制度。我国第一批农村社会养老保险试点于 1986 年正式确定；1992 年，民政部在《县级农村社会养老保险基本方案（试行）》中提出我国从 1992 年 1 月 3 日起开始在全国范围内建立农村社会养老保险制度（简称"老农保"）；1998 年，全国大部分地区老农保制度出现了参保人数下降、基金运行难度加大等困难；1999 年，基于我国农村缺乏普遍社会养老保险制度实施条件的现实问题，国务院提出暂停新业务受理的同时全面整顿既有业务，并提出具备条件的地区可以率先实施商业养老保险制度；此后，随着相关政策文件的出台，我国于 2009 年和 2011 年逐步开启了新型农村社会养老保险制度和城镇居民社会养老保险制度试点工作；2014 年，《国务院关于建立统一的城乡居民基本养老保险制度的意见》（国发〔2014〕8 号）出台，标志着我国开始推进建立统一的"城乡居民基本养老保险制度"。

机关事业单位养老保险制度改革自 2008 年开始加快步伐。2008 年，上海、山西、浙江、重庆、广东五个省市被列为事业单位工作人员养老保险制度改革试点地区。机关事业单位工作人员的养老保险制度改革工作从 2014 年 10 月正式开始全面实施，改革的目的是实现机关事业单位工作人员和企业职工在养老保险制度框架上的基本一致。

截至 2018 年底，全国参加基本养老保险人数为 9.43 亿人，基金总收入 5.50 万亿元，基金总支出 4.76 万亿元。其中，城镇职工基本养老保险参保人数为 4.19 亿人，基金收入 5.12 万亿元，基金支出 4.46 万亿元；城乡居民基本养老保险参保人数为 5.24 亿人，基金收入 3838 亿元，基金支出 2906 亿元。[①]

按照我国社会养老保险制度的基本架构，我国实行的是"多轨制"的养老保险制度。企业职工养老保险实行由企业和职工本人按一定标准缴纳养老保险费的统账结合制度；机关和事业单位实行的基本养老保险制度与企业职工

---

① 数据来源于《2018 年度人力资源和社会保障事业发展统计公报》。

基本养老保险制度框架一致,但基金单独建账,退休金则由国家财政统一发放,2014 年,我国基本实现了新型农村社会养老保险制度和城镇居民社会养老保险制度的全覆盖,标志着城乡居民基本养老保险制度的确立和建成,自此,我国养老保险制度开始三轨并行。据测算,2018 年,职工基本养老保险、城乡居民基本养老保险的人均养老金水平分别为 3153.42 元/月、152.33 元/月,前者是后者的 20.70 倍。① 多轨制所导致的养老金待遇差距过大问题亟须得到解决。

养老保险制度并轨是解决养老金待遇差距过大问题的主要手段。党的十八大报告提出,"要坚持全覆盖、保基本、多层次、可持续方针,以增强公平性、适应流动性、保证可持续性为重点,全面建成覆盖城乡居民的社会保障体系";2013 年,《中共中央关于全面深化改革若干重大问题的决定》要求,"坚持社会统筹和个人账户相结合的基本养老保险制度,完善个人账户制度,健全多缴多得激励机制,确保参保人权益,实现基础养老金全国统筹,坚持精算平衡原则。推进机关事业单位养老保险制度改革。整合城乡居民基本养老保险制度";《社会保障"十二五"规划纲要》要求,"在试点的基础上,积极稳妥地推动机关事业单位养老保险制度改革";2016 年,《人力资源和社会保障事业发展"十三五"规划纲要》提出,"完善统账结合的城镇职工基本养老保险制度。完善职工养老保险个人账户制度。规范职工和城乡居民基本养老保险缴费政策,健全参保缴费激励约束机制,提高收付透明度。实现职工基础养老金全国统筹";党的十九大报告明确指出"完善城镇职工基本养老保险和城乡居民基本养老保险制度,尽快实现养老保险全国统筹";党的十九届四中全会要求"健全统筹城乡、可持续的基本养老保险制度";党的十九届五中全会提出,"十四五"时期要"实现基本养老保险全国统筹","发展多层次、多支柱养老保险体系"。从党和国家对社会养老保险制度完善的指导思想和具体要求来

---

① Lijian Wang, Daniel Béland, Sifeng Zhang, "Pension Fairness in China", *China Economic Review*, Vol. 28, 2014, pp. 25-36.

看,养老保险制度逐步并轨已经成为一种趋势。

养老保险制度并轨面临着严峻的财务不可持续风险。马骏等指出,"到2013 年,中国养老金缺口将达到 18.3 万亿元"[1];世界银行的测算结果是"2001 年到 2075 年间,中国养老保险收支缺口为 9.15 万亿元"[2];郑秉文提出,"尽管社保基金规模自建立以来不断增长,但目前基金人均水平偏低,规模尚不能完全满足弥补未来养老金缺口的历史任务;在中国养老保险支付高峰期到来之前全力壮大基金规模,将是全国社会保障基金发展的最核心问题"[3];《中国养老金发展报告 2018》显示,今后的 20 年时间内我国将进入老龄化急速发展的阶段,老年人口年均的增量都在 1000 万人以上,我国养老保险制度将面临着比较严峻的可持续风险[4]。在这样的背景下,实施养老保险制度并轨,将机关事业单位工作人员、城乡居民逐步纳入到基本养老保险制度的保障范围,由于这些人群个人账户基金零积累,将进一步加大基本养老保险制度的基金缺口。

我国基本养老保险制度实行财政兜底,以财政补贴的形式弥补基金缺口。近十年来我国基本养老保险的财政补贴已超过 1 万亿元。养老保险制度并轨背景下的基本养老保险基金缺口也由财政兜底,但是,政府的财政保障并不是无限的,而是针对基本养老保险基金缺口有一个适度财政保障能力,如果基本养老保险基金缺口超过适度财政保障能力,那么基本养老保险制度就不具备财务可持续性。尽管 2018 年颁布的《国务院关于建立企业职工基本养老保险基金中央调剂制度的通知》从实现基本养老保险制度可持续发展的目标出发,要求以各省份职工平均工资的 90% 和在职应参保人数作为计算上解额的

① 马骏、张晓蓉、李治国等:《化解国家资产负债中长期风险》,《财经》2012 年第 15 期。
② Sin, Yvonne, "China: Pension Liabilities and Reform Options for Old Age Insurance", Washington: World Bank Working Paper, 2005.
③ 郑秉文:《主权养老基金的比较分析与发展趋势——中国建立外汇型主权养老基金的窗口期》,《国际经济评论》2019 年第 3 期。
④ 郑秉文主编:《中国养老金发展报告 2018》,经济管理出版社 2019 年版,第 1—18 页。

基数,上解 3% 的中央调剂金,以在不同省份调剂基金结余和基金缺口,但是 2018 年调剂基金总规模仅为 2422 亿元,2019 年为 4844.6 亿元,相较于基金缺口总额仍显不足。

特别地,《国务院办公厅关于印发降低社会保险费率综合方案的通知》规定,养老保险单位缴费比例高于 16% 的,可降至 16%。2019 年,所有养老保险单位缴费率高于 16% 的省份都已经降到 16%,企业职工基本养老保险、失业保险、工伤保险减费总额将超过 3800 亿元[①],这进一步加大了基本养老保险基金缺口。

在人口老龄化、"减费降税"双重压力下,基本养老保险基金缺口将逐年扩大;制度整合和体系完善引起的转轨成本和人口老龄化高峰的临近,必将导致养老金缺口的继续扩大。因此,准确测算我国养老金缺口,判断基金缺口是否超过了政府适度财政保障能力,提出抑制养老金缺口继续扩大的相关对策,是亟须研究的现实问题。

二、问题界定

目前,我国社会养老保险制度面临双重挑战。一是养老金待遇公平性。据本课题组的测算结果,领取养老金的老年人口基尼系数为 0.4145,这说明公平性问题仍然是不同社会养老保险制度在进行养老金分配时面临的一个突出难题,这也导致社会养老保险制度在减小老年人贫富差距、缩小整体基尼系数方面几乎没有作出贡献。[②] 二是养老金缺口。学术界测算的企业职工养老金缺口有 2.824 万亿元、9.15 万亿元、18.3 万亿元等多种结果。在这样的现实背景下,有必要加快建立和实施更加公平和可持续的社会养老保险制度,其中,多种制度的有效整合和体系完善是解决养老金公平性问题的主要措施。

---

① 数据来源于人力资源和社会保障部 2019 年第三季度新闻发布会。

② Lijian Wang, Daniel Béland, Sifeng Zhang, "Pension Fairness in China", *China Economic Review*, Vol. 28, 2014, pp. 25−36.

而制度整合和体系完善必将带来制度转轨成本,再加上人口老龄化高峰的临近,必将导致养老金缺口继续扩大。

长远来看,推动我国养老保险制度整合和体系完善势在必行[1]。解决资金投入失衡和养老金水平差异的根本途径是制度整合。现有研究针对我国养老金承诺、制度透明性、财务稳定性、退休年龄等提出了体系完善的建议[2][3]。杨燕绥[4]、张君良等[5]等提出梯次推进的动态整合模式,还有学者建议以个人账户加社会统筹为基本模式逐步将企业职工、机关事业单位工作人员、城乡居民纳入统一的基本养老保险制度[6][7][8],养老保险制度整合和体系完善的蓝图已经较为清晰。

关于养老金缺口测算,国外学者引入长期精算平衡模型、代际核算方法、动态代际交叠模型等建立养老金收支模型,如 Grande 等建立了养老金收支的一般测算模型[9],Annika、Yaşar 建立了瑞典、土耳其养老金收支模型[10]。面对养老金缺口,国外学者提供的解决方案有提高退休年龄、私营化和市场化、增

---

① 郑功成:《从地区分割到全国统筹——中国职工基本养老保险制度深化改革的必由之路》,《中国人民大学学报》2015 年第 3 期。

② 佟昕:《人口老龄化背景下辽宁省养老金缺口测算》,《统计与决策》2018 年第 3 期。

③ 孙博、董克用、唐远志:《生育政策调整对基本养老金缺口的影响研究》,《人口与经济》2011 年第 2 期。

④ 杨燕绥、张弛:《养老金并轨促行政体制改革》,《中国行政管理》2015 年第 2 期。

⑤ 张君良、沈君彬:《经济强县建构城乡一体化社会保障体系的路径探析——基于福建晋江的个案研究》,《东南学术》2010 年第 1 期。

⑥ 周宵、刘洋:《中国基本养老保险统筹升级路径研究——基于政府间事权和支出责任视角》,《学习与探索》2019 年第 4 期。

⑦ 鲁元平、王军鹏、李文健:《基本养老保险与居民再分配偏好》,《中南财经政法大学学报》2019 年第 5 期。

⑧ 郑秉文:《机关事业单位养老金并轨改革:从"碎片化"到"大一统"》,《中国人口科学》2015 年第 1 期。

⑨ Giuseppe Grande, Ignazio Visco, "A Public Guarantee of a Minimum Return to Defined Contribution Pension Scheme Members", *Temi di Discussione*, Vol.13, No.762, 2010, pp. 3-43.

⑩ Yaşar, Yavuz, "The Crisis in the Turkish Pension System: A Post Keynesian Perspective", *Journal of Post Keynesian Economics*, Vol.36, No.1, 2013, pp. 131-152.

加老年人储蓄、提高基金投资比例、设立国家养老金等①②。国内学者主要对企业职工养老金缺口进行了测算。王鉴岗提出了现收现付制、基金制和混合模式下的基金平衡公式③;张思锋等对这些测算模型进行了梳理和重构④。以此为基础,王银梅、徐宏、高建伟等学者对养老金缺口进行了测算⑤⑥⑦;薛惠元、封铁英等还对新农保、事业单位养老金缺口做了预测⑧⑨。在不考虑财政转移支付条件下,我国养老金缺口是必然存在的,现有研究建议通过扩大覆盖面、提升基金投资收益、提高退休年龄、发行专项债券等缓解养老金缺口问题。

现有研究成果体现了交叉学科的方法优势,推进了养老保险制度的理论与实践探索。问题是:第一,主要测算单一制度下的养老金缺口,尚未更多关注制度整合后的养老金缺口趋势;第二,以综合法构建养老金缺口测算模型,较少涉及养老金缺口的构成,不利于有针对性地提出解决缺口的对策;第三,解决养老金缺口的对策措施受现行制度的约束和制度整合的影响,大多未能

---

① Aleksandar Andonov, Rob M. M. J. Bauer, K. J. Martijn Cremers, "Pension Fund Asset Allocation and Liability Discount Rates", *Review of Financial Studies*, Vol.30, No.8, 2017, pp.2555–2595.

② Andreas G. F. Hoepner, Lisa Schopohl, "On the Price of Morals in Markets: An Empirical Study of the Swedish AP-Funds and the Norwegian Government Pension Fund", *Journal of Business Ethics*, Vol.151, No.3, 2018, pp.665–692.

③ 王鉴岗:《养老保险收支平衡及其影响因素分析》,《人口学刊》2000年第2期。

④ 张思锋、张冬敏、雍岚:《引入省际人口迁移因素的基本养老保险基金收支测算——以陕西为例》,《西安交通大学学报(社会科学版)》2007年第2期。

⑤ 王银梅、李静:《提高统筹层次能缓解养老保险基金缺口吗?——基于面板数据的实证检验》,《河北学刊》2018年第5期。

⑥ 徐宏、商倩:《中国养老服务资金缺口测算及PPP破解路径研究》,《宏观经济研究》2019年第2期。

⑦ 高建伟、丁克诠:《中国基本养老保险基金缺口模型及其应用》,《系统工程理论方法应用》2006年第1期。

⑧ 薛惠元:《基于整体法的新农保个人账户基金收支平衡模拟与预测》,《保险研究》2014年第2期。

⑨ 封铁英、李梦伊:《新型农村社会养老保险基金收支平衡模拟与预测——基于制度风险参数优化的视角》,《公共管理学报》2010年第4期。

推行。

在这样的理论和现实背景下,本书研究的问题是:

(1)我国社会养老保险制度的现状是什么,为什么要制度并轨?

(2)企业职工、城乡居民、机关事业单位工作人员的基本养老保险制度基金收支缺口的走势是什么?

(3)养老保险制度并轨的步骤和由此引发的基金收支缺口变动趋势是什么?

(4)养老保险制度并轨后我国基本养老保险制度是否具备财政可持续性?

(5)如何缓解基本养老保险制度的基金收支缺口压力?

第二节 研究意义

一、现实意义

国际社会保障制度演进的历史表明,社会养老保险制度的内在矛盾会随着时间的推移逐渐显现。2011 年 8 月 24 日在智利,因职工要求对养老保险制度改革的诉求得不到满足而引发大罢工;2008—2013 年,法国政府因财政赤字而欲推迟民众领取养老金时间,导致持续不断的反对养老保险制度改革的全国性抗议游行示威活动。同样,中国社会养老保险制度也暴露出养老金待遇不公平、职工基本养老保险基金收支出现缺口等问题。中国社会养老保险制度是否会出现不可持续性危机是需要深入研究的重大理论和现实问题。

本研究定量分析不同整合方案下,企业职工基本养老保险、城乡居民基本养老保险、机关事业单位工作人员养老保险的养老金缺口变动趋势,能够为制定养老金制度整合步骤提供决策参考;本研究提出了应对未来养老金缺口的措施,对建成可持续的养老金制度具有现实意义。

二、理论价值

社会养老保险基金平衡精算方法能够以量化手段作用于不同制度下养老保险收入和支出的一系列参数,并且通过有效构建数学模型进行相关指标和发展趋势的预测,观察未来养老保险基金收支平衡的大致发展情况;与此同时,本研究在精算模型的基础上测算如何适度调节缴费率、养老金替代率和退休年龄等变量的关系以保证养老保险基金达到平衡状态。本研究着眼于应用经济学、社会保障学、精算学、人口学的交叉研究领域,把养老金缺口分解为个人账户超支额、社会统筹账户基金缺口和制度转轨成本,分别构建、检验精算模型,综合分析测算结果,具有理论意义和方法论意义。

第三节　研究设计

一、研究内容

本书以养老保险制度并轨和完善为背景,测算基本养老保险基金缺口,判断基本养老保险的财政可持续性,并根据判断结果提出对策建议。研究目标是:测算不同养老保险制度的基金缺口,判断养老保险制度并轨背景下基本养老保险制度的财务可持续性,提出缓解基本养老保险基金缺口压力的对策建议。

具体研究内容主要包括:

(1)分析我国养老保险制度并轨的必要性。分析我国基本养老保险制度的现状,测算养老保险制度多轨制引起的待遇不公平性矛盾,提出养老保险制度并轨是我国社会养老保险制度演进的必然选择。

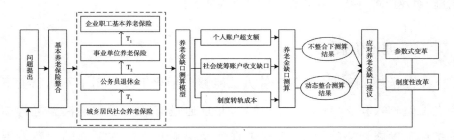

图 1-1　本书研究思路

　　(2)测算不同养老保险制度的基金缺口。运用社会保障统计与精算方法,测算我国企业职工基本养老保险制度、城乡居民基本养老保险制度、机关事业单位工作人员养老保险制度的基金收支缺口,为判断养老保险制度并轨背景下的基本养老保险财务可持续性提供基础数据。

　　(3)判断养老保险制度并轨背景下基本养老保险制度的财务可持续性。根据现行政策,设计养老保险制度并轨的基本方案,并据此测算养老保险制度并轨后的基本养老保险基金收支缺口,判断基本养老保险制度的财务可持续性。

　　(4)提出缓解基本养老保险基金收支缺口的对策。根据养老保险制度并轨背景下基本养老保险制度的财务可持续性测算结果,结合社会调查资料,提出缓解基本养老保险基金缺口的对策建议。

二、研究方法

1.文献研究法

　　利用中国知网、ISI、Google 等数据库对相关文献进行检索和整理,同时查阅国内外有关基本养老保险基金收支和养老保险制度并轨的资料,并对资料进行分析,充分了解国内外研究成果,以此为基础,撰写文献综述,从而全面地了解国内外关于养老金缺口的研究现状、研究趋势以及现有研究的优点与不足等,为本书的研究奠定基础。

2. 精算建模法

通过分析基本养老保险制度的主要变量,在分析、比较、抽象实际问题的基础上,将其表述成数学模型,抽象出实际问题的本质,以期解决实际问题。以人口学、经济学、精算学为理论基础,构建基本养老保险制度基金缺口、财政保障能力的测算模型;利用 Matlab7.0 进行基础数据的处理和模型的测算,通过程序模块的应用,模拟 2020—2050 年我国基本养老保险基金收支的内在关系和内在逻辑,得出实证结论。

3. 社会调查法

采用社会调查中的访谈和资料搜集表法,搜集本课题研究所需的数据资料。对人力资源和社会保障部、陕西省人力资源和社会保障厅及民政厅、云南省人力资源和社会保障厅、上海市人力资源和社会保障局的相关管理人员进行访谈,调研了中国人民大学、浙江大学、西北大学、南京财经大学、中山大学、辽宁大学、西南财经大学、吉林大学、四川大学等高校的养老保险研究专家,了解他们对于缓解基本养老保险基金缺口、实行养老保险制度并轨的基本观点。同时,本研究采用资料搜集表法,获得基本养老保险制度运行的经验数据,为模型参数设定提供依据。

4. 统计分析法

本书对社会调查资料进行描述性统计分析,用以反映参保人及被调查专家对养老金缺口现状及弥补对策的认知和观点;通过质性分析方法,对专家意见征求资料和访谈记录资料进行整理分析,提取关键词,寻找规避养老金缺口的现实路径,为本书对策建议的写作提供参考。

三、资料来源

1. 文献资料

利用中国知网、ISI、Google 等数据库搜集有关社会养老保险制度建设、基金收支缺口测算方法等方面的相关文献 400 余篇,对文献资料进行梳理,撰写文献综述。

2. 公开统计资料

系统地收集了 1990 年以来的《中国统计年鉴》《中国劳动统计年鉴》《中国人口和就业统计年鉴》《中国人口统计年鉴》《中国农村统计年鉴》《国民经济和社会发展统计公报》《人力资源和社会保障事业发展统计公报》《民政事业发展统计公报》以及历次全国人口普查数据、针对社会养老保险的专项调查数据、有关城市和农村社会经济发展的数据等公开的统计资料。

3. 内部统计资料

从人力资源和社会保障部、陕西省人力资源和社会保障厅及民政厅、云南省人力资源和社会保障厅、上海市人力资源和社会保障局、陕西省统计局等部门搜集了经济社会环境、社会养老保险制度实施办法、总结报告、年度规划、汇报材料、参保人数、缴费总数、待遇发放、基金收支、财政补贴、养老保险转移等内部统计资料,为本书养老金缺口测算的参数设定提供了依据。

4. 社会调查资料

在研究过程中,在陕西省城镇和农村,采用多阶段分层整群随机抽样的方法,抽取样本进行了问卷调查,用以了解参保人对养老金公平性、养老金制度完善、养老金制度参数调整的认知和观点,共发放问卷 600 份,回收有效问卷 547 份;在本课题研究过程中,对 63 名养老金相关管理者、相关研究学者进行访谈,形成了访谈资料;对 14 名养老保险问题研究专家进行了两轮专家意见咨询,为本书对策建议的提出奠定了基础。

四、研究框架

本书以应对制度整合和体系完善背景下的养老金缺口为目标,通过精算建模法构建养老金缺口精算模型,设计养老保险制度整合后的相关参数,并运用 Matlab 求解精算模型,绘制动态的养老金缺口测算表格,提出参数性缓解、制度性解决养老金缺口的对策。具体研究框架见图 1-2。

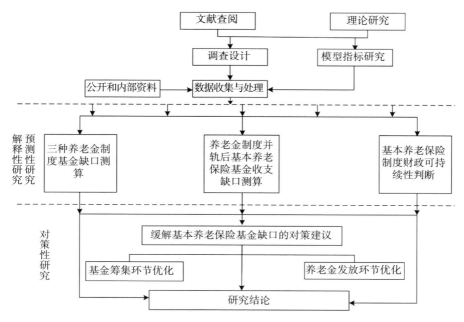

图1-2　本书研究框架

第二章　文献综述与分析框架

第一节　基本概念

一、养老保险基金

"养老"是个体生命成长和国家社会发展过程中必须面对的共同问题,当"养老"作为一个国家发展的公共事务进入政府视野和公共事务发展议程时,养老制度便由此产生。当前为应对人口老龄化和提高国家福利水平,养老制度成为各国社会保障体系发展的重要内容。养老金制度是国家养老制度的重要组成部分,它是指为防范退休者因收入不足或收入匮乏,由政府、雇主和雇员合作建立的收入保障制度,由劳动者个人以劳动时间或货币贡献为计量单位进行参与,在作出一定贡献或达到一定资格后,依法享受应有待遇。[①] 养老金是伴随着养老金制度产生的概念,不同于个体的资本收益和其他国家制度给予的福利待遇,它是指个体依据国家养老金制度获得的、受国家法律保护的退休待遇。

养老保险制度是养老金制度的内核,虽然养老金制度的构成更为广泛,但

---

① 席恒:《养老金函数及其政策意义》,《社会保障评论》2019 年第 2 期。

从我国目前的养老保险制度发展现状来看,养老金制度和养老保险制度可以概念互通。养老保险基金是养老保险制度得以建立和运行的物质基础,养老保险基金具有足够的支付能力是养老保险制度可持续发展的根本前提,也关乎参保者对制度发展的未来预期。[①] 它是指一定时期内按照养老保险制度规定的包括个人、单位缴费、政府补贴和累积结余及利息,可用于支付符合领取养老金规定的个体养老金的资金总和。养老保险基金的管理一般包括基金筹集、保值增值和养老金分配几个过程。

二、转轨成本

养老保险制度的转轨成本是我国养老保险制度改革的产物。我国城镇职工的养老保险体系始建于 20 世纪 50 年代初期,实行现收现付制,经历了改革开放以后长达十余年的探索尝试和发展总结,国务院于 1997 年颁布了《国务院关于建立统一的企业职工基本养老保险制度的决定》(国发〔1997〕26 号)。自此以后,以社会统筹与个人账户相结合为标志的混合型养老保险体制在我国正式确立,它体现了效率与公平的有效统一,既有利于激发个体缴费的积极性,也有利于通过社会统筹部分对不同收入的养老金领取者进行收入再分配。[②] 但是在这一转制过程中,旧体制下的债务在转制时期没有相对应的资金积累,这部分债务依然由政府负担,就形成了转制成本。[③] 龙卓舟将养老金转轨隐性债务定义为:"当一个养老金计划的筹资模式发生改变时,根据该计划在原筹资模式下的承诺,所必须付给转制前已退休人员养老金的现值与在职职工在原筹资模式下已积累并必须予以偿付的养老金权利现值之和,同原

---

① 李红艳、唐莉霞:《缴费年限对养老保险基金支付风险的影响研究》,《保险研究》2019 年第 9 期。

② 孙祁祥:《"空账"与转轨成本——中国养老保险体制改革的效应分析》,《经济研究》2001 年第 5 期。

③ 张迎斌、刘志新、柏满迎等:《我国基本养老金隐性债务变化趋势分析——基于改进精算测算模型的实证研究》,《中国管理科学》2013 年第 5 期。

筹资模式下已积累的养老社会保险基金现值之间的差额。"①

本书认为养老保险制度转轨成本主要包括两部分,一是由于"老人"没有个人账户基金积累,也没有所在企业为其上缴的社会统筹资金,因而,他们所领取的全部养老金由当年社会统筹基金、财政补贴,甚至挪用其他参保者个人账户基金支付;二是"中人"的基础养老金、调剂金的计算年限是从其参加工作时算起,因此,制度建立前的工作年限所对应的养老金亦被称为制度转轨成本。

三、养老金缺口

本书讨论的养老金缺口问题一般是指基本养老保险基金缺口。现收现付制度下,企业职工基本养老保险基金来自个人缴费、企业缴费、政府转移支付,当期不存在收支缺口。现行养老保险制度从长期收支的角度看,企业职工基本养老保险制度的转轨成本、人口老龄化引起的社会统筹账户支付额快速增长、人口高龄化引起的个人账户超支等因素,必然造成一定额度的收支缺口②,目前关于养老金缺口没有准确的定义。

巴曙松等认为,目前中国的基本养老保险金存在静态与动态两种支付缺口压力,其中静态缺口是指中国基本养老保险中的社会统筹账户出现当期收支缺口问题而挪用个人账户资金,进而导致个人账户出现空账的情况;而动态缺口则是指在人口老龄化压力下导致的未来养老金收支上可能存在的动态预算缺口。③ 封铁英等认为,农村养老金缺口是指在目标期间内,农村社会养老保险基金收入小于支出,可分别通过年度收支差额和货币时间价值累积额测

---

① 龙卓舟:《养老社会保险隐性债务不等同于转制成本》,《财经科学》2007年第6期。
② 王增文、邓大松:《基金缺口、缴费比率与财政负担能力:基于对社会保障主体的缴费能力研究》,《中国软科学》2009年第10期。
③ 巴曙松、方堉豪、朱伟豪:《中国人口老龄化背景下的养老金缺口与对策》,《经济与管理》2018年第6期。

算当期缺口和累积缺口。① 齐传钧认为养老金缺口、隐性债务和转轨成本三个概念既有联系也有区别,隐性债务就是某一时间点上的制度纵向平衡的缺口,即养老金制度所有未偿付权益的贴现,一般只存在于现收现付制中;所谓的转轨成本是隐性债务显性化的另一种典型形式,即现收现付制向积累制过渡中出现的融资需求;养老金缺口是一个完全不同的概念,一般是指一定时间内的养老保险制度的收支缺口的累计现值。②

本书从养老保险制度发展和当前基本养老保险制度构成的整体角度来界定养老金缺口。按照《国务院关于完善企业职工基本养老保险制度的决定》(国发〔2005〕38号),企业职工基本养老保险设个人账户和社会统筹账户,并逐步做实个人账户。本书以企业职工基本养老保险账户设置为分类依据,界定企业职工基本养老保险基金收支缺口的概念,因而养老保险基金缺口包括个人账户超支额、社会统筹账户基金收支缺口和制度转轨成本三部分。基本养老保险个人账户超支额,是指参保者领取个人账户养老金的时间超过制度设定的139个月之后,仍按照原标准继续领取的养老金金额;基本养老保险社会统筹账户基金收支缺口,是指当年社会统筹账户基金的收支差额。

第二节　相关文献

一、养老金制度改革研究

城镇劳动者、城镇居民和农村居民是我国养老保险制度的主要实施对象,

---

① 封铁英、牛晶晶:《中国老龄化高峰期农村养老金缺口预测研究》,《西安交通大学学报(社会科学版)》2015年第5期。
② 齐传钧:《养老保险降费后养老金缺口预测及中长期应对措施》,《华中科技大学学报(社会科学版)》2019年第3期。

而分析城镇企业职工养老保险制度、城乡居民养老保险制度则是开展养老金制度改革研究工作的主要内容和具体表现。[①] 作为从一种合作秩序到国家公器的社会保障制度,通过社会成员的合作收益发挥着社会建设的重要功能。[②] 作为解决人们老有所养问题的根本性制度安排,它不仅关系到所有社会成员的切身利益,还关系到社会的和谐安定;以提高公平性作为首要任务,加快推进社会保障体系建立进程,是我国构建社会主义和谐社会的一个重要目标和任务。[③] 新中国成立以来,我国养老金制度经历了计划经济时期的国家主导型发展模式到改革开放与市场经济转轨初期的社会化发展模式,再到创新发展时期多元治理框架下的整合发展模式。[④] 党的十八大以来,党和国家为实现"增进人民福祉、促进人的全面发展、朝着共同富裕方向稳步前进"的战略目标,立足于我国经济社会发展现状及人口老龄化的实际,出台了一系列养老保险规划、政策和细则,推动养老保险制度创新发展。[⑤]

在我国社会养老保险制度建立初期,国家根据不同人群建立并实施差异化的制度,因此制度"碎片化"问题相对突出。而在我国工业化、城镇化发展进程中,养老保险制度改革工作的一个重要目标就是实现社会养老保险体系的城乡统筹和全民覆盖。[⑥] 这一目标也在国家政策的持续推进下不断接近和实现。2012 年,通过在全国范围内推广实施新型农村社会养老保险(简称"新

---

① 杨斌、丁建定:《从城乡分立到城乡统筹:中国养老保险制度结构体系发展研究》,《社会保障研究》2014 年第 1 期。

② 席恒、翟绍果:《从理想模式到顶层设计:中国养老保险制度改革的思考》,《武汉科技大学学报(社会科学版)》2012 年第 6 期。

③ 赵凌岚、尧金仁:《以公平的价值取向推进我国养老保险改革与制度建设》,《湖北社会科学》2010 年第 11 期。

④ 成志刚、文敏:《新中国成立 70 周年养老金制度的历史演变与发展图景》,《湘潭大学学报(哲学社会科学版)》2019 年第 5 期。

⑤ 韩喜平、陈茉:《党的十八大以来中国完善养老保险制度的实践探索》,《理论学刊》2019 年第 1 期。

⑥ 薛惠元、张微娜:《建立城乡统一的社会养老保险制度——基本理念、基本路径与制度模式》,《税务与经济》2014 年第 3 期。

农保")和城镇居民社会养老保险(简称"城居保")制度,我国基本实现了社会养老保险体系全覆盖的目标。2014年,国务院提出,"到'十二五'末,要在全国范围内完成'新农保'与'城居保'制度的整合工作,与此同时还要求实现这两项制度和职工基本养老保险制度的有效衔接,并且在2020年前,我国将全面建成公平、统一、规范的城乡居民基本养老保险制度"。因此,探索城乡统筹的中国养老保险制度结构体系成为学界研究的焦点。杨斌、丁建定指出人口流动、社会阶层变化、执政理念发展和生育文化变化的制度环境促使中国开始探索养老保险制度城乡统筹。① 制度环境的变化使得养老保险制度的结构体系开始从原有的城乡分立逐渐向城乡统筹转变,与此同时,加快推动农村养老保险制度的建立健全则是养老保险制度城乡统筹的重点工作。

在养老保险制度改革的理念方面,田凯早在2000年就提出国家应确立以社会性和公平性为原则的城乡一体化的养老制度建设的长远目标②;肖艳指出养老保险可以有效降低老年贫困率,另外,可以有效促进社会平等和安全,为构建和谐社会提供制度保障,因此效率和公平是养老保险制度改革的焦点所在③;而冯曦明则更加强调养老保险的公平性,他认为,作为社会保障制度的一个重要组成部分,养老保险的一个重要目的就是提高社会公平性和稳定性,应该强调人与人之间的合作精神和紧密联系,因此不应该存在过高的差距④。沈洁颖围绕公平和效率两个维度展开研究,针对现阶段我国正在实施的养老保险制度中比较突出的养老保险资金筹集困难、存在隐性债务、养老基金保值与增值困难等效率问题进行分析总结。⑤ 凌文豪认为我国基本养老保

---

① 杨斌、丁建定:《从城乡分立到城乡统筹:中国养老保险制度结构体系发展研究》,《社会保障研究》2014年第1期。

② 田凯:《当前中国农村社会养老保险的制度分析》,《社会科学辑刊》2000年第6期。

③ 肖艳:《中国养老保险制度的反思与改革》,《福建论坛(人文社会科学版)》2008年第7期。

④ 冯曦明:《公平视角下的中国基本养老保险制度改革》,《中国行政管理》2010年第1期。

⑤ 沈洁颖:《中国养老保险制度现状及未来发展路径——基于公平与效率的视角》,《金融与经济》2012年第6期。

险制度发展呈现出从分割向整合、从独立向统筹转变的鲜明趋势,并且从实践的角度提出了相关建议。[1]

关于养老保险制度改革的研究可以总结为两方面。一是针对制度设计和参数调整提出了养老保险制度完善的具体措施。例如,赵志刚认为整合的方式就是将"社会统筹与个人账户相结合"变成"社会统筹与个人账户相组合",在这种情况下,能够有效从单一的城镇企业基本养老保险制度变成两个并行的"社会统筹养老保险制度"和"个人账户养老保险制度",而这两个制度的关系则是相互独立、相互关联的[2];秦森、白玉光认为要坚持精算平衡原则和权利义务对等原则,强化制度保险属性,根据人口结构、制度内供养比、缴费费率、缴费水平、财力投入、投资收益等因素的预期,合理设计退休待遇水平[3]。二是基于城乡统筹和社会公平的养老保险制度整合成为学者们的共识。例如,王国辉认为要在继续实行既有的统账结合制度的基础上,结合城镇职工基本养老保险、灵活就业养老保险和新农保的现行标准,确定城乡最低养老金,并且通过开展结果统一、过程差异的调整工作实现这一养老金的全覆盖,这也是我国实现最低养老保险统一的重要思路[4];丁建定、郭林认为中国养老保险制度的整合发展必须立足社会、经济发展的现实情况,持续推动养老保险制度的结构优化和体系完善,同时要进行制度优化和整合,保障全体国民的制度权益[5];卢海元提出要实行中国化、公平化、市场化、城镇化和可持续化改革,应按照"双向推进""小并轨""大并轨"的思路,推动养老保险制度实现革命性

---

① 凌文豪:《我国三类基本养老保险制度改革的理念和路径》,《社会主义研究》2017年第4期。

② 赵志刚:《中国公共养老保险制度的基础整合》,《中国软科学》2008年第5期。

③ 秦森、白玉光:《如何全面深化城镇职工基本养老保险制度改革》,《红旗文稿》2017年第23期。

④ 王国辉:《中国统一的最低养老保险制度实现路径、挑战和机制》,《社会保障研究》2011年第5期。

⑤ 丁建定、郭林:《论中国养老保险制度结构体系整合》,《武汉大学学报(哲学社会科学版)》2013年第6期。

的变革①。除此以外,汤兆云则提出了整合我国社会养老保险制度的三个步骤:第一步将政府机关、事业单位人员养老金制度由现收现付模式改革为"社会统筹+个人账户"模式;第二步加快实现城镇职工基本养老保险制度、有固定工作农民工养老保险制度的整合,最终建立城乡职工社会养老保险制度;第三步继续开展新农保、城居保制度的整合工作,提高这两个制度的整合力度,并将制度最终落实推广开来,推动我国多层次社会养老保险制度的建立健全。②

从上述研究不难看出,在推动我国养老保险制度整合与体系完善的过程中要注重有效解决以下两个方面的问题:一是在适应经济发展水平的前提下如何提高养老保险的支付能力和优化经费来源;二是如何将现阶段不同群体的养老保险受益机制整合到城乡统筹的养老保险制度中来。从现实情况和研究热点来看,第二个问题显得更为重要和更具难度一些。

二、养老金缺口测算研究

养老金缺口问题关系到养老保险制度的可持续发展。2012 年 6 月 11 日,《财经》杂志刊登了马骏等撰写的《化解国家资产负债中长期风险》一文,指出"到 2013 年,中国养老金缺口将达到 18.3 万亿元,2017 年以后,养老金要求的财政补贴将出现持续性的增长,预计到 2050 年中国养老金缺口在当年财政支出中的占比将超过 20%"。随后,养老金缺口问题迅速得到研究者和国家相关部门的高度重视。基于科学的理论、方法和准确的参数对养老金缺口进行测算是正确认识养老金缺口问题、制定合适的养老金制度调整措施的重要基础。目前关于养老金缺口的测算有不同的方法,不同学者对影响养老金缺口的因素的关注点也有所不同。

---

① 卢海元:《全力推进养老保险制度中国化:全面建成中国特色新型养老保险制度的构想》,《理论探讨》2014 年第 5 期。

② 汤兆云:《论我国社会养老保险制度的整合》,《社会保障研究》2014 年第 3 期。

人口老龄化给养老金缺口带来的影响是学者们研究的重点。封铁英等研究发现,陕西省将于 2032 年开始进入农村人口老龄化高峰期,并且这一阶段将持续到 2060 年。在这段时期内,农村养老金收支将经历当期盈余、当期缺口、累积缺口三个阶段性的发展过程,与此同时,人口结构失衡伴随着养老金收支失衡、养老金缺口几何级数扩大、基金和制度缺乏持续性等也会是这一时期发展的主要特征和重要挑战。[①] 于洪等提出分析我国养老保险发展问题不可忽视人口老龄化的影响,并在此基础上构建了相应的系统精算模型,根据动态模拟测算结果,2030 年左右我国基本养老保险将面临一定的支付危机。[②] 田月红等建立了随机精算预测模型,以第六次全国人口普查数据为基数,测算结果显示,预计到 2025 年,我国养老金缺口将达到 2 万亿元。[③] 王春兰等基于 SVM 模型的养老金缺口估计显示,我国城镇居民养老金缺口首次出现的时间为 2019 年,之后缺口越来越大,到 2031 年以后,养老金缺口将突破 2 万亿元。[④] 岁磊通过构建连续时间的世代交叠模型和数值模拟发现,在当今中国的现实参数下,2016—2056 年间,全面放开二胎政策的冲击能够缩小养老基金缺口,但人均寿命延长的冲击方向相反且程度更强,个体经济行为对寿命延长冲击的反应比对全面放开二胎政策冲击更加敏感。[⑤]

也有学者关注了全面二孩、延迟退休等政策对养老金缺口的影响。唐运舒等分析了新常态背景下经济增速放缓和人口老龄化程度加深对安徽省城镇职工基本养老保险关键参数和收支缺口的影响,研究发现,新常态背景下安徽

① 封铁英、牛晶晶:《中国老龄化高峰期农村养老金缺口预测研究》,《西安交通大学学报(社会科学版)》2015 年第 5 期。

② 于洪、曾益:《退休年龄、生育政策与中国基本养老保险基金的可持续性》,《财经研究》2015 年第 6 期。

③ 田月红、赵湘莲:《人口老龄化、延迟退休与基础养老金财务可持续性研究》,《人口与经济》2016 年第 1 期。

④ 王春兰、叶尚斌:《我国城镇居民养老金缺口建模与预测》,《统计与决策》2015 年第 8 期。

⑤ 岁磊:《寿命延长、二胎政策与人口老龄化的经济效应》,《调研世界》2017 年第 11 期。

省城镇职工基本养老保险将会在 2023 年出现收不抵支,进而无法实现制度的收支自平衡。① 李晓芬等对全面二孩政策下上海城镇职工养老金的财政压力进行了测算,研究发现,目前的全面二孩政策无法扭转上海城镇职工基本养老保险收不抵支的趋势,也难以抑制养老金缺口不断扩大的趋势,2060 年,上海当期收支缺口将达到 0.96 万亿元,占当年上海一般公共预算收入的 17.2%,占当年上海地区生产总值的 3.9%,养老金赡养率为 1.56。② 唐运舒等运用人口预测模型和养老金收支缺口模型研究发现,全面二孩政策实施有利于城镇职工养老保险的收支平衡,政策效果从 2037 年开始显现,三种政策效果情境下弥补当年养老金缺口的比例分别为 36%、52%、68%,但影响效果从 2040 年开始逐年减弱,长期看不能改变养老金缺口不断扩大的趋势。③

熊婧等构建了社会统筹部分的收支模型,模拟了延迟退休政策对养老保险收支平衡的影响。研究发现,延迟退休在一定时期内对减缓养老保险缺口扩大速度具有成效,但从长期来看,这一举措并非解决我国基金缺口问题的根本手段。④ 邹铁钉运用养老金缺口度量模型对比分析了延迟退休和养老金制度并轨的政策效果,研究发现延迟退休无法从根源上解决养老金亏空问题,其不但会降低现存工作代在退休后的养老待遇,还会加重延迟退休到期以后若干新生代的养老负担。⑤ 苏春红等预测了延迟退休对企业职工养老保险收支缺口的影响,研究发现延迟退休显著减少了养老金缺口数额,两个延迟退休方案假设条件下当期缺口出现的时点和金额没有改变,累计缺口在 2029 年开始

① 唐运舒、徐永清:《安徽省城镇职工基本养老保险运行风险研究》,《华东经济管理》2018 年第 10 期。

② 李晓芬、罗守贵:《全面二孩政策下上海城镇职工养老金财政压力测算及对策研究》,《财政研究》2018 年第 8 期。

③ 唐运舒、吴爽爽:《"全面二孩"政策实施能有效破解城镇职工养老保险基金支付危机吗——基于不同人口政策效果情景的分析》,《经济理论与经济管理》2016 年第 12 期。

④ 熊婧、粟芳:《延迟退休对我国养老保险收支平衡的影响》,《上海金融》2017 年第 12 期。

⑤ 邹铁钉:《延迟退休与养老保险制度并轨的财政及就业效应》,《经济评论》2017 年第 6 期。

出现,出现时间推迟了两年,并且根据两个方案的结果,到 2050 年,与基准方案相比,我国养老金缺口可以减少 80% 左右,研究论证了这一政策的有效性。① 齐传钧对养老保险降费背景下的养老金缺口进行了预测,研究发现降低基本养老保险单位缴费率将进一步扩大养老金缺口,为此需要尽快落实国有资本转划政策和及早实施延迟退休政策。②

三、养老金缺口应对对策

应对和有效解决养老金缺口问题既是保证我国养老保险制度可持续发展的核心议题,也是我国应对人口老龄化、不断增强老年人获得感、幸福感和安全感的必然要求。

目前关于养老金缺口应对策略的研究可分为两个视角。

一是从制度体系设计的整体层面提出解决养老金缺口的策略。徐晓华从养老金缺口的宏观控制视角出发,认为养老保险金缺口的产生是隐性债务显性化、个人账户空账、人口老龄化、退休年龄偏低、提前退休不规范以及基金投资运营效率低等多种因素相互作用的结果,为了有效地控制甚至解决养老金缺口问题,除了坚持增收减支,还必须从扩大养老保险实际覆盖面、实行弹性退休制度、增加政府财政投入、推进养老基金投资运营等多方面入手。③ 尹良春认为需要通过足额征收并扩大征收面、国家兜底填补缺口、延迟退休缓解矛盾以及立法征税等综合措施解决养老金缺口问题。④ 徐文全等认为应当有效控制和实现"老职工退出"与"新职工进入"两个时点上人口存量的平衡稳定,

---

① 苏春红、李松:《养老金支付风险预测及延迟退休作用评估——以 S 省为例》,《财政研究》2016 年第 7 期。

② 齐传钧:《养老保险降费后养老金缺口预测及中长期应对措施》,《华中科技大学学报(社会科学版)》2019 年第 3 期。

③ 徐晓华:《中国基本养老保险金缺口的宏观控制》,《南开学报(哲学社会科学版)》2012 年第 5 期。

④ 尹良春:《千方百计解决好养老金缺口问题》,《天府新论》2009 年第 S1 期。

所以应该采用弹性退休年龄的改革,从增加积累和减少支出两方面来弥补养老金的缺口。① 汤晓燕认为从养老金与退休前工资的比例来看,公务员与企业员工的养老金水平差异较大,退休金"双轨制"会造成严重的社会矛盾,迅速提高财政支出中社会保障支出的比例是补充养老金缺口的重要对策,因而要从体制上根本解决"双轨制"所导致的差距过大问题。② 曹冬梅等提出了老龄化背景下扩大基本养老保险缴费范围和缴费比率,做大养老资金池;增加公共财政投入,转持国有资本,充实养老资金池;优化投资运营,加强精算管理,做实养老资金池等应对人口养老金缺口的策略。③

二是从养老金制度参数调整的角度提出了解决养老金缺口问题的具体办法。封铁英等应用总体法构建农村养老金收支与平衡精算模型,基于全国东、中、西部三省六县(市、区)新农保试点地区实地调研数据,通过甄选并调整关键参数,研究发现政策参数缴费率、补贴率和经济参数农民收入增长率、基金投资收益率的提高及其联动增长均有利于增强农村养老金的可持续性,而养老金计发月数的增减对农村养老金可持续性的影响方向并不统一,二者的联合增长对农村养老金的长期可持续性发展具有积极作用。④ 此外,还有学者运用人口预测模型和基本养老保险基金收支预测模型对我国人口结构变化和基本养老保险基金收支状况进行了预测,研究发现育龄妇女分年龄生育率的上升、职工的起始工作年龄的提高、退休年龄的提高、养老保险缴费人数的增加或领取养老金人数的减少均有利于基金收支平衡。

---

① 徐文全、梁冬、岳浩永:《弹性退休年龄改革和养老金缺口的弥补:基于人力资本理论》,《市场与人口分析》2006 年第 2 期。

② 汤晓燕:《养老金缺口问题探析》,《理论与改革》2013 年第 3 期。

③ 曹冬梅、辜胜阻、方浪:《老龄化背景下我国养老金缺口的对策研究》,《统计与决策》2015 年第 10 期。

④ 封铁英、高鑫:《基于精算模型参数调整的农村养老金可持续性仿真研究》,《中国管理科学》2015 年第 9 期。

四、文献评价

从已有关于养老保险制度改革和养老金缺口的研究结论来看,推动养老保险制度改革、建立并实行可持续的养老保险制度是我国社会经济发展的重要议题和挑战。从我国社会保障体系高质量发展的目标来看,解决养老保险基金的缺口问题和实现养老保险制度的整合是未来养老保险制度完善的共同目标和要求。

面向新时代我国养老保障体系的发展目标,已有研究对我国养老保险制度改革的目标理念、具体路径进行了大量研究,普遍认为不断缩小不同群体间养老金待遇的差距,实现养老保险制度的整合和城乡统筹是养老保险制度完善的发展方向;也意识到在这一发展过程中不可忽视养老金缺口可能带来的影响和挑战,提出了解决养老金缺口的应对策略,这些研究成果为本研究的开展提供了丰富的研究经验和方法借鉴。不过,已有对养老金缺口问题的研究多局限于城镇职工基本养老保险或某个单一群体,从短期来看,这些研究结论对实践发展具有较大的借鉴意义,但从长期来看,尤其是在推动我国养老保险制度整合与体系完善的发展背景下,就要求相关研究着眼于养老保险制度体系的持续性和整体性。从这一层面来看,养老保险制度整合对养老金缺口有怎样的影响尚不明确。同时,对养老金缺口的测算多集中在养老金的社会统筹部分,关注的是狭义上的养老金缺口问题,没有将养老金转轨成本、个人账户超支额和社会统筹账户缺口纳入统一的研究框架,这为本研究提供了巨大的研究空间。

第三节　相关理论

一、社会保障的演进特征

从世界各国社会保障的发展来看,不同国家的社会保障制度经历了完全不同的演进路径,但是在互异中又有共同点。由于各国社会保障制度建立的基础和起点不同,这一互异中的共同点并未在各国完整地体现,而是体现在建立社会保障制度较早的欧美国家,但在亚非国家简短的社会保障史中,社会保障制度演进的共同点也初露端倪。可以预见的是,社会保障制度演进是有规律可循的,从欧美发达国家的社会保障演进历程中,总结社会保障制度的发展规律,并分析这些国家在不同时期的社会保障政策,有助于其他国家,尤其是中国,判断、预测社会保障制度的发展阶段,从而采取相应的公共政策。

人类历史上先后产生并不断更新的经济、政治、社会、文化等各类制度,在其生命期内,无不呈现出积极演进的特征,即从诞生到成长再到成熟,是一个逐步趋于完善的进程。但是,自 19 世纪 30 年代开始建立并逐步形成的现代社会保障制度却有着与其他制度不同的、独特的三阶段演进特征:

第一阶段,制度诞生期,即某项社会保障制度建立初期,由于新制度提供了从无到有的保障福利,从而得到社会各方面的普遍认同和一致拥护,促成制度迅速建立并普及。第二阶段,制度成长期,由于新制度内在地不可避免地存在着对不同社会群体提供的福利差异,保障水平的公平性遭到强烈质疑,因此,解决保障差异、实现保障公平是这一阶段社会保障制度演进的主要内容;制度演进的方向是,以制度覆盖的全体保障对象中享受高福利人群的保障水平为标准,就高不就低,提高制度覆盖的全体保障对象的福利水平。第三阶段,制度成熟期,由于制度覆盖的全体保障对象福利水平的普遍提高,更由于社会保障支出的刚性特征,出现了巨额的社会保障资金收支缺口,引发社会保障制度的财务不可持续危机。

社会保障制度的演进特征,可以从四个方面理解:

第一,从社会保障制度的发展进程来看,将经历制度诞生期、制度成长期、制度成熟期三个阶段。制度诞生是指某一项或多项社会保障项目的确定并实施,制度成长是指此项社会保障项目相关的政策法规逐渐完善,制度成熟是指社会保障项目已经完全制度化。

第二,以社会保障制度的现实矛盾为关注点,在社会保障制度诞生期,社会保障制度从无到有,矛盾并未显现,但在社会保障制度建立过程中将会受到扩大制度覆盖范围约束条件的制约;在社会保障制度成长期,由于社会保障制度对不同群体提供的保障福利存在差异,公平性矛盾逐渐显现;在社会保障制度成熟期,由于提高社会保障福利待遇以及这种福利待遇的刚性特征,巨额的社会保障基金收支缺口将显现出来。

第三,以社会公众对待社会保障制度的态度为关注点,由于不同发展阶段社会保障制度所暴露出矛盾的类型和程度不同,社会公众对待社会保障制度的态度也有所差异。在社会保障制度诞生期,由于新制度的产生为人类的保障福利带来了从无到有的变化,从而得到社会各方面的普遍认同和一致拥护;在公平性矛盾显现阶段,保障水平的公平性遭到强烈质疑;在财务可持续性危机凸显阶段,巨额的收支缺口将引发公众对政府的信任危机,从而引起社会稳定危机。

第四,以政府的社会保障政策取向为关注点,在社会公众对待社会保障制度的态度发生变化时,政府的政策取向也同时发生变化,社会保障政策取向经历了扩大社会保障制度覆盖面、解决保障差异实现保障公平、开源节流代际供养三个阶段。在社会保障制度诞生期,社会公众对待社会保障制度的态度是普遍认同和一致拥护,政府应当尽快扩大社会保障制度的覆盖范围,以让更多的社会公众享受到社会保障制度;在社会保障制度成长期,由于不公平现象的凸显,政府应当采取解决保障水平差异的政策,缓解社会保障制度的公平性矛盾;在社会保障制度成熟期,政府的政策取向应当是避免社会保障基金收支缺口的不断扩大,消除社会民众对政府的信任危机。

本书依据社会保障制度演进的阶段性特征,判断我国社会养老保险制度处在第二阶段,因此当前应当进行制度整合和完善,并提前制定预防社会养老保险制度财务不可持续危机的公共政策。

二、社会保障精算理论

社会保障精算是将精算科学运用到社会保障领域,进行社会保障的定量计算和预测的一种数理方法,主要研究社会保障的成本水平、风险规律、偿债能力、收支水平及差额、长期资产积累水平、财务偿付能力等问题,以保证社会保障制度建立在稳定的资金基础上。①

社会保障包括养老保险、医疗保险、失业保险等社会保险项目,以及社会救助、社会福利和社会优抚等内容。社会保障精算的内容相应地包括以下部分:(1)社会养老保险精算,主要包括社会养老保险基金平衡精算、社会养老保险基金隐性债务精算、社会养老保险替代率精算、社会养老保险影响因素敏感性分析、社会养老保险基金投资精算;(2)社会医疗保险精算,主要包括社会医疗保险基本指标测算、社会医疗保险收支状况测算;(3)其他社会保障项目精算,主要包括失业保险精算、工伤保险精算、生育保险精算和社会救助精算。

社会保障精算最开始在商业保险领域得到应用发展,两者具有基本相同的理论基础和技术方法,但具有以下几点明显区别:一是精算的目的不同。商业保险以营利为目的,商业保险精算主要对商业机构的营利能力做出估计,保证在一定保险费率和赔付标准下保险公司有一定盈余。而社会保障是为了保障公民的基本生活,营利不再是社会保险发展的目标,社会保障精算主要是为了保障基金的收支平衡,促进社会保障制度的平稳运行。二是计算方法不同。商业保险的保险对象是动态变化的,参保人既可根据需要选择不同种类的保险项目,也可根据自身喜好选择不同商业保险公司。而社会保障制度由政府建立和实施,按照政策规定,达到参保条件的人必须参加。由于参保人群特征不同,社会保障精算和商业保险精算所依据的生命表也存在差异,因而相关的具体计算方法也不尽相同。三是保险基金的筹集和管理不同。商业保险的保

① 王晓军:《社会保障精算原理》,中国人民大学出版社 2000 年版。

险费一般视险情而定,由个人承担并由营利性的金融机构负责管理;而社会保险费一般由政府统一规定费率,国家、企业和个人共同负担缴费责任,由社会保障经办机构负责管理。

本书依据社会保障精算理论,建立社会养老保险精算模型。

三、数理人口学理论

数理人口学的主要任务是运用数学的形式探讨人口数量和结构变化的规律。[1] 数理人口学可以简单表述为以下方程[2]:

设: L_t 表示 t 年的人口数, L'_t 表示 t 年的男性总人口数, L''_t 表示 t 年的女性总人口数, $L'_{i,t}$ 表示 t 年 i 岁的男性人口数, $L''_{i,t}$ 表示 t 年 i 岁的女性人口数, $q'_{i,t}$ 表示 t 年 i 岁男性的死亡率, $q''_{i,t}$ 表示 t 年 i 岁女性的死亡率, $b_{i,t}$ 表示 t 年 i 岁女性的生育率, SRB_t 表示 t 年的出生性别比, p_t 表示不考虑人口城乡迁移因素的 t 年的男性城市化率, p'_t 表示不考虑人口城乡迁移因素的 t 年的女性城市化率, P_t 表示 t 年的城市化率, l_t 表示 t 年的"乡—城"迁移的总人数, $l'_{i,t}$ 表示 t 年 i 岁男性"乡—城"迁移人数, $l''_{i,t}$ 表示 t 年 i 岁女性"乡—城"迁移人数, $m'_{i,t}$ 表示 t 年 i 岁男性"乡—城"迁移人数占总迁移人数的比重, $m''_{i,t}$ 表示 t 年 i 岁女性"乡—城"迁移人数占总迁移人数的比重。

在不考虑人口"乡—城"迁移因素时:

$$L'_{i,t}(j) = L'_{i-1,t-1}(j)\left[1 - q'_{i-1,t-1}(j)\right] \text{③} \qquad 1 \leqslant i \leqslant \omega - 1 \qquad (2\text{-}1)$$

$$L'_{0,t}(j) = \frac{SRB_{t-1}}{SRB_{t-1} + 100}\sum_{i=15}^{49} L''_{i,t-1}(j)\, b_{i,t-1}(j) \qquad 1 \leqslant i \leqslant \omega - 1 \qquad (2\text{-}2)$$

$$L''_{i,t}(j) = L''_{i-1,t-1}(j)\left[1 - q''_{i-1,t-1}(j)\right] \qquad 1 \leqslant i \leqslant \omega - 1 \qquad (2\text{-}3)$$

---

① 查瑞传:《数理人口学》,中国人民大学出版社 2004 年版。

② 王立剑、刘佳:《统筹城乡的人口预测模型构建与应用——以陕西省城乡人口分年龄预测为例》,《西北人口》2009 年第 3 期。

③ $j = 1$ 表示城镇; $j = 2$ 表示农村。

$$L''_{0,t} = \frac{100}{SRB_{t-1} + 100} \sum_{i=15}^{49} L''_{i,t-1}(j) \, b_{i,t-1}(j) \tag{2-4}$$

又因为

$$L_t(j) = L'_t(j) + L''_t(j) \tag{2-5}$$

其中

$$L'_t(j) = \sum_{i=0}^{\omega-1} L'_{i,t}(j) \tag{2-6}$$

$$L''_t(j) = \sum_{i=0}^{\omega-1} L''_{i,t}(j) \tag{2-7}$$

所以

$$L_t(j) = \sum_{i=0}^{\omega-1} L'_{i,t}(j) + \sum_{i=0}^{\omega-1} L''_{i,t}(j) \tag{2-8}$$

考虑人口的"乡—城"迁移因素,设 N_t 表示 t 年的人口数, N'_t 表示 t 年的男性人口数, N''_t 表示 t 年的女性人口数, $N'_{i,t}$ 表示 t 年 i 岁的男性人口数, $N''_{i,t}$ 表示 t 年 i 岁的女性人口数。则:

$$p_t = \frac{L_t(1)}{L_t(1) + L_t(2)} \tag{2-9}$$

$$p'_t = \frac{L'_t(1)}{L'_t(1) + L'_t(2)} \tag{2-10}$$

因为

$$P_t > p_t, P_t > p'_t$$

所以

$$l_{t-1} = (P_t - p_t)(L_t(1) + L_t(2)) \tag{2-11}$$

$$l'_{t-1} = (P_t - p'_t)(L'_t(1) + L'_t(2)) \tag{2-12}$$

$$l'_{i,t} = l_{t-1} m'_{i,t} \qquad 0 \leqslant i \leqslant \omega - 1 \tag{2-13}$$

$$l''_{i,t} = l'_{t-1} m''_{i,t} \qquad 0 \leqslant i \leqslant \omega - 1 \tag{2-14}$$

由此可得:

$$N'_{i,t}(1) = L'_{i,t}(1) + l_{t-1} m'_{i,t} \qquad 0 \leqslant i \leqslant \omega - 1 \tag{2-15}$$

$$N''_{i,t}(1) = L''_{i,t}(1) + l'_{t-1}m''_{i,t} \qquad 0 \le i \le \omega - 1 \qquad (2\text{-}16)$$

$$N'_{i,t}(2) = L'_{i,t}(2) - l_{t-1}m'_{i,t} \qquad 0 \le i \le \omega - 1 \qquad (2\text{-}17)$$

$$N'_{i,t}(2) = L'_{i,t}(2) - l'_{t-1}m''_{i,t} \qquad 0 \le i \le \omega - 1 \qquad (2\text{-}18)$$

根据式(2-18)可得:

$$N_t(1) = \sum_{i=0}^{\omega-1} \left[N'_{i,t}(1) + N''_{i,t}(1) \right] \qquad (2\text{-}19)$$

$$N_t(2) = \sum_{i=0}^{\omega-1} \left[N'_{i,t}(2) + N''_{i,t}(2) \right] \qquad (2\text{-}20)$$

$$N_t = N_t(1) + N_t(2) \qquad (2\text{-}21)$$

据此,可测算各年龄人口数。

具体计算方法如下:

$$L_{(t)m}(i+1,k)(j) = L_{(t-1)m}(i,k)(j) \cdot ch_{(t-1)m}(i,k)(j) \qquad 0 \le i \le \omega - 2$$
$$(2\text{-}22)$$

$$L_{(t)m}(0,k)(j) = \sum_i L_{(t-1)m}(i,2)(j) \cdot b_{(t-1)m}(i,j) \cdot \left[\frac{SRB_{t-1}}{SRB_{t-1} + 100}, \right.$$
$$\left. \frac{100}{SRB_{t-1} + 100} \right] \qquad (2\text{-}23)$$

$$Pp_{(t)m} = \left[P_{(t)} - \frac{sum(L_{(t)m}(:,1)(1))}{sum(L_{(t)m}(:,1)) + sum(L_{(t)m}(:,1)(2))} \quad P_{(t)} - \frac{0}{sum(L_{(t)m}(:,1)) + sum(L_{(t)m}(:,1)(2))} \right]$$
$$(2\text{-}24)$$

$$L_{(t)m}(1) = \left[L_{(t)m}(:,1)(1) + (m_{(t)m}(j) \cdot (Pp_{(t)m})^T(:,1)), L_{(t)m}(:,2)(1) + \right.$$
$$\left. (m_{(t)m}(j) \cdot (Pp_{(t)m})^T(:,2)) \right] \qquad (2\text{-}25)$$

$$L_{(t)m}(2) = \left[L_{(t)m}(:,1)(2) - (m_{(t)m}(j) \cdot (Pp_{(t)m})^T(:,1)), L_{(t)m}(:,2)(2) \right.$$
$$\left. - (m_{(t)m}(j) \cdot (Pp_{(t)m})^T(:,2)) \right] \qquad (2\text{-}26)$$

本书依据数理人口学理论,对研究中所用到的人口年龄结构进行预测,作为社会养老保险基金收支预测的基础数据。

第四节　分析框架

一、养老金缺口的形成机理

本研究从广义的养老金缺口概念来研究养老金缺口问题,从当前我国基本养老保险的制度构成和养老保险制度的发展现状这一整体角度来理解养老金缺口。按照《国务院关于完善企业职工基本养老保险制度的决定》(国发〔2005〕38 号),企业职工基本养老保险设个人账户和社会统筹账户,并逐步做实个人账户。因而养老保险基金缺口由个人账户的超支额、社会统筹账户基金的收支缺口和制度转轨成本三部分构成。

以企业职工基本养老保险为例,企业职工基本养老保险个人账户超支额是指参保者领取个人账户养老金的时间超过制度设定的 139 个月之后,仍按照原标准继续领取的养老金金额。1997 年 1 月 1 日,我国企业职工基本养老保险制度启动时,已经退休的"老人"没有个人账户,不存在个人账户超支问题;尚未退休的"中人"开始设立个人账户,其退休 139 个月之后,开始出现个人账户超支问题;1997 年 1 月 1 日起参加工作的"新人"在退休 139 个月之后也面临个人账户超支问题。在财政兜底的制度条件下,当社会统筹账户无力承担"中人"和"新人"当年个人账户超支额时,由财政全额补足。因此,我国企业职工基本养老保险基金个人账户超支额由当年财政补足,不存在累积问题。

基本养老保险社会统筹账户基金收支缺口,是指当年社会统筹账户基金的收支差额。以企业职工基本养老保险为例,社会统筹账户基金收入由企业职工所在单位缴纳的社会养老保险费、财政补贴、基金利息及其他收入构成;基金支出由基础养老金、过渡性养老金、调剂金及其他支出构成。在财政兜底的制度条件下,社会统筹账户基金收支缺口由当年财政补足,不存在收支缺口累积问题。

转轨成本的本质特征是隐性债务显性化,即现收现付制向部分积累制过渡过程中出现的融资需求。以企业职工基本养老保险为例,由于"老人"没有个人账户基金积累,也没有所在企业为其上缴的社会统筹资金,因而,他们所领取的全部养老金由当年社会统筹基金、财政补贴,甚至挪用其他参保者个人账户基金支付,被称为制度转轨成本;"中人"的基础养老金、调剂金的计算年限是从其参加工作时算起,因此,制度建立前的工作年限所对应的养老金亦被称为制度转轨成本。制度转轨成本不是一次支付的,而是"老人"和"中人"从退休到死亡期间以养老金形式逐年领取的,其中当年支付的制度转轨成本我们称为当期制度转轨成本。根据《国务院关于建立统一的企业职工基本养老保险制度的决定》(国发〔1997〕26 号)和《国务院关于完善企业职工基本养老保险制度的决定》(国发〔2005〕38 号),构成当期制度转轨成本的"老人"和"中人"领取的基础养老金、过渡性养老金、调剂金等列支在社会统筹账户中,因此,本书在计算社会统筹账户基金收支缺口时,已经包括了当期制度转轨成本。以企业职工基本养老保险为例,养老保险基金缺口的构成如图 2-1所示。

机关事业单位基本养老保险的制度框架与企业职工基本养老保险的制度框架一致,因此,其基金收支缺口的形成原理也基本一致。

城乡居民基本养老保险制度与其他社会养老保险制度在基金收入和基金支出结构上有所不同。城乡居民基本养老保险制度的基金收入主要包括个人缴费、政府缴费补贴和利息收入,且城乡居民基本养老保险制度的个人账户基金采用实账管理,个人账户基金余额不能用于支付城乡居民基本养老保险制度基金收入与基金支出的差额,而是由财政部门专户管理。因此,城乡居民基本养老保险制度个人账户基金在支付完 139 个月内的个人账户养老金,仍存在大规模结余的状态下有可能出现个人账户超支额,且这部分超支额由政府财政负担。

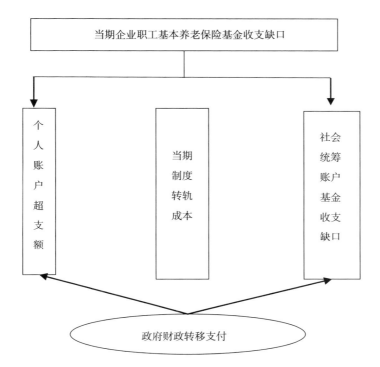

图 2-1　当期企业职工基本养老保险基金收支缺口示意图

城乡居民基本养老保险制度的基础养老金不设社会统筹账户专户管理，而是采用政府直接财政拨付的方式，下发到老年农村居民手中。本书假设存在一个虚拟的社会统筹账户，这个虚拟的社会统筹账户的基金收入是 0，而基金支出则是基础养老金。这样，城乡居民基本养老保险制度的基金缺口实际包括城乡居民基本养老保险缴费补贴、城乡居民基本养老保险基础养老金、城乡居民基本养老保险个人账户超支额三部分，见图 2-2。

二、制度整合与完善对养老基金缺口的影响

当前，在养老保险制度整合的背景下，城镇职工和机关事业单位工作人员都参加社会统筹和个人账户相结合的基本养老保险制度，实行单位和个人共同缴费的缴费模式，实行与缴费相挂钩的养老金待遇计发办法，从而从制度框

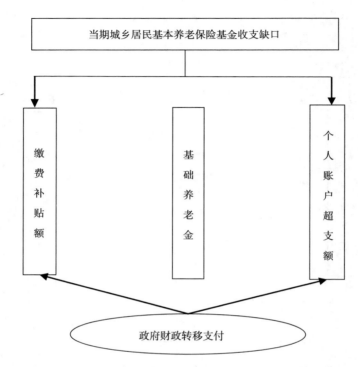

图2-2　当期城乡居民基本养老保险基金收支缺口示意图

架上化解了"双轨制"矛盾。机关事业单位工作人员养老保险制度的改革是我国养老保险制度发展历史上的重大事件,学者们对养老金制度"并轨"对养老金缺口的影响进行了研究,魏臻等认为养老保险制度并轨的实质是机关事业单位养老保险制度向部分积累制的转型,转型过程中产生的隐性债务累积起来导致了政府财政的资金缺口,进而在现行改革方案及相关统计数据的基础上,使用系统动力学方法测算了这一资金缺口的估测值,结果显示养老保险制度并轨所产生的"老人"资金缺口约为3.73万亿元,"中人"的资金缺口约为1.08万亿元,总计约为4.8万亿元。① 邹铁钉运用养老金缺口度量模型对

① 魏臻、梁君林:《中国养老保险制度并轨资金缺口的动态模拟》,《人口与发展》2016年第4期。

比分析了延迟退休和养老金制度并轨的政策效果,研究结果显示,人口老龄化并不是导致当前养老金缺口的主要原因,而是养老保险双轨制。养老保险制度并轨一方面有利于提高退休者的养老待遇,另一方面有利于降低在岗劳动力的养老负担,从而在促进代际分配公平方面的作用要明显优于延迟退休年龄。①

延迟退休年龄、养老保险降费也是新时期我国养老保险制度的重要改革。熊婧等模拟了延迟退休年龄政策对养老保险收支平衡的影响,研究结果显示,延迟退休年龄确实能立刻有效缓解养老保险基金缺口压力,但随着制度的进一步发展,基金缺口扩大的趋势会再次出现,并不能从根本上解决问题。② 苏春红等预测了延迟退休对企业职工养老保险收支缺口的影响,研究发现延迟退休显著减少了养老金缺口数额,两个延迟退休方案假设条件下当期缺口出现的时点和金额都有改变,累计缺口在 2029 年开始出现,出现时间推迟了两年,2050 年累计缺口分别比基准方案减少了 80% 和 83%,这说明延迟退休可以有效缓解养老金支付风险。③ 齐传钧关注了养老保险降费对养老金缺口的影响,研究发现降低单位缴费率将进一步扩大养老金缺口,为此需要尽快落实国有资本划转政策和及早实施延迟退休政策。④

因此,从已有研究结论来看,养老保险制度的制度整合和参数变革都会对养老保险基金的缺口产生重要影响,养老保险制度的整合已经成为我国养老保险体系高质量发展的必然要求,其对养老金缺口造成的影响是制度改革和完善的必然结果,同时短期内我国人口老龄化的发展趋势不会改变,因而为应

---

① 邹铁钉:《延迟退休与养老保险制度并轨的财政及就业效应》,《经济评论》2017 年第 6 期。

② 熊婧、粟芳:《延迟退休对我国养老保险收支平衡的影响》,《上海金融》2017 年第 12 期。

③ 苏春红、李松:《养老金支付风险预测及延迟退休作用评估——以 S 省为例》,《财政研究》2016 年第 7 期。

④ 齐传钧:《养老保险降费后养老金缺口预测及中长期应对措施》,《华中科技大学学报(社会科学版)》2019 年第 3 期。

对长期养老金缺口必须在养老金制度参数调整上着手。

三、养老金缺口的应对思路

1997 年我国开始实行社会统筹和个人账户相结合模式的企业职工基本养老保险制度,2005 年国务院下发了《关于完善企业职工基本养老保险制度的决定》(国发〔2005〕38 号),对企业职工基本养老保险制度再次进行调整。2015 年 1 月,国务院发布了《关于机关事业单位工作人员养老保险制度改革的决定》,决定参照城镇企业职工的养老保险制度模式对机关事业单位养老保险制度进行改革,实行社会统筹与个人账户相结合的基本养老保险制度。这项改革具有重要的意义,标志着机关事业单位与企业职工实行相同模式的社会养老保险制度,即社会统筹和个人账户相结合的基本养老保险制度模式,在这种模式下单位和个人共同缴费,实行与缴费相挂钩的养老金待遇计发办法,两类群体所享受的养老保险制度的缴费和计发参数基本一致,因而从制度和机制上实现了化解"双轨制"矛盾。2014 年 2 月,国务院印发了《国务院关于建立统一的城乡居民基本养老保险制度的意见》,意见指出在"十二五"末,全国基本实现新农保和城居保制度合并实施,并与职工基本养老保险制度相衔接,城乡居民养老金由基础养老金和个人账户养老金构成。至此,我国城乡统一的养老保险制度体系基本形成,该体系包括城镇职工和城乡居民基本养老保险制度,二者可相互衔接。

尽管从制度设计上来看,城镇企业职工和城乡居民养老保险的制度模式基本相似,二者都实行社会统筹和个人账户相结合的基本养老保险制度,从制度体系的角度来看实现了城镇职工和城乡居民养老保险制度的并轨,但要实现真正意义的制度上的相互衔接还存在一定困难。一是二者的养老保险基金没有合并管理,城乡居民基本养老保险基金与企业职工基本养老保险基金分别管理,单独建账;二是由于两项制度开始实施的时间不同,因此无法真正实现制度上的相互衔接。另外,城乡居民养老保险制度中的个人缴费、地方人民政府对参保人的缴费补贴、集体补助及其他社会经济组织、公益慈善组织、个人对参保人的缴费资助，全部计入个人账户，基础养老金由中央政府确定的最低标准和地方政府的适当调整确定，这与企业职工的养老金缴费、计发机制也有所区别。因而本研究对养老金缺口的测算采取先分开计算、再整合计算的研究思路，即运用养老保险精算方法先按照城镇企业职工基本养老保险、机关事业单位基本养老保险、城乡居民基本养老保险制度的实施年份和制度参数计算各自的养老保险基金缺口情况，再进行整合计算。

党的十九大报告指出要"按照兜底线、织密网、建机制的要求，全面建成覆盖全民、城乡统筹、权责清晰、保障适度、可持续的多层次社会保障体系"，按照党的十九大报告中关于我国社会保障制度发展的战略要求，不断促进养老保险制度的制度公平，实现养老保险制度的可持续发展是新时代我国养老保险制度改革和完善的重要目标。而人口老龄化作为影响我国养老金缺口的重要因素短期内不会缓解，通过延迟退休年龄来应对养老金缺口也绝非长久之计，同时，当前我国农民工等群体的养老保险制度完善尚处于探索之中。因此，经济发展新常态背景下，要实现我国养老保险制度的发展目标还需要通过科学的方法和手段继续进行制度改革和参数变革。参数变革，包括实行动态退休年龄、调整计发月数、推进基金市场化多元化投资运营、提升基金管理层次、严核缴费工资、发行养老债券等，以缓解养老金缺口；制度改革，可借鉴国外经验，建立需求导向下的政府供款基础养老金与个人收入水平决定的个人账户基金相结合的基本养老保险制度，以解决养老金缺口问题。

第三章　养老金制度整合与体系完善历程与现状分析

第一节　我国养老金制度建设历程

新中国成立以来,我国社会养老保险制度的建设经历了从无到有、从分化到整合的曲折发展过程。与时代发展相适应,我国养老保障制度的建设改革历程是我国不同阶段经济发展的具体体现,是政府责任不断完善的成果展现,70多年来中国养老保障经历了从最低限度的生存满足向高质量发展的保障转变。

一、国家保障——社会养老保险制度的初创与失序阶段

1949—1955 年我国养老保险制度初步创立。这一时期,我国养老保障制度以体现"社会主义优越性"为导向,以国家保障为主,我国社会养老保险制度初步形成。企事业单位基本养老保险最先建立,1950 年《中国人民政治协商会议共同纲领》最早确定了我国企业实行劳动保险制度,1951 年《中华人民共和国劳动保险条例》中对养老金的来源、职工领取养老金年龄以及退休金待遇等作出明确规定①,但受经济条件限制,这一政策的保障

---

① 成志刚、文敏:《新中国成立 70 周年养老金制度的历史演变与发展图景》,《湘潭大学学报(哲学社会科学版)》2019 年第 5 期。

范围十分有限;1955 年国务院发布《国家机关工作人员退休处理暂行办法》,明确规定退休条件及待遇等问题,退休经费由国家财政承担,这一办法的发布标志着在国有企业、事业单位以及人民团体中普遍建立起养老保险制度。但这一时期,由于整体经济水平和发展方向的限制,国家并未针对农村设立专门的农民养老保险制度,多数农民仍靠传统的土地与子女供养。

1956—1977 年养老保险制度遭遇严重破坏与停滞。受政治经济环境的影响,这一时期城市的养老保险制度遭到了严重破坏。1969 年,财政部发布《关于国营企业财务工作中几项制度的改革意见(草案)》,规定"国营企业一律停止提取劳动保险金",退休金完全由企业负责,导致很多企业压力过大甚至难以发放养老金;同时养老保险的管理机构被取消,社会保险费统一征集与发放被迫停顿。① 但建立在人民公社与集体经济基础上的农村养老制度却得到了初步发展。1956 年,中共中央发布的《一九五六年到一九六七年全国农业发展纲要》作出规定:农业合作社应当统一筹集规划照顾鳏寡孤独者,保障其吃穿、子女教育以及死葬等问题。1962 年《农村人民公社工作条例》明确提出"在生产队收入中设置公益金,用于农村社会保险"。此后随着人民公社化运动的不断展开,以"五保户供养"和"公益金"制度为核心的集体养老模式逐渐形成,家庭养老作用不断弱化。

二、市场转轨——社会养老保险制度的探索与曲折发展阶段

从农村养老保障制度看,改革开放初期,我国在农村推行家庭联产承包责任制,原有合作社和集体经济崩塌,在此基础上建立的农村养老保障制度也难以为继。为保障广大农村老年人的基本生活,从 1990 年开始,民政部在全国部分农村地区开展农村社会养老保险的制度试点;1992 年民政部制定了《县

---

① 　许莉、万春:《我国养老保险制度的演进轨迹:1951~2008》,《改革》2008 年第 12 期。

级农村社会养老保险基本方案（试行）》，进一步促进了农村社会养老保险制度的改革与发展，这一时期被称作"老农保"阶段，以农民个人缴费为主，且保障水平较低；一直到 1997 年，全国性的农保管理体系基本形成，初步建立了农村社会养老保险制度。1998 年以后，老农保制度缺陷不断显现，2002 年党的十六大提出要探索建立农村养老保障制度，新型农村社会养老保险（以下简称"新农保"）开始试点。

从企业职工养老保险制度改革看，这一时期，我国城镇社会养老保险制度在市场化背景下积极探索养老保险费用社会统筹，结合试点经验，创新筹资模式，实行社会统筹与个人账户相结合的筹资方式，不断扩大养老保险覆盖面。1991 年国务院颁布《关于企业职工养老保险制度改革的决定》，明确国家、企业和个人等多方缴费共同负担的原则，实行养老保险社会统筹，拓宽了养老金的来源，降低了企业负担；在总结试点经验的基础上，1993 年发布的《中共中央关于建立社会主义市场经济体制若干问题的决定》以及 1995 年发布的《国务院关于深化企业职工养老保险制度改革的通知》两份文件均提出城镇企业职工试行社会统筹与个人账户相结合的基本养老保险制度。此后，该制度在扩大覆盖范围、改革缴费以及计发办法等方面不断进行改革试点，2000 年国务院颁布《关于城镇社会保障体系改革的试点意见》，2001 年首先在辽宁省试点，此后试点范围逐渐扩大。2005 年，基于全国各地的企业职工养老保险试点经验，国务院发布了《国务院关于完善企业职工基本养老保险制度的决定》，对企业职工养老保险中的个人账户缴费主体、缴费比例等进一步作出明确规定。因此，从制度的建立发展来看，企业职工基本养老保险制度在这一时期得到快速发展，实行部分积累制、坚持社会统筹与个人账户相结合的企业职工养老保险制度初步建立。

机关事业单位养老保险制度的改革发展则滞后于企业职工和城乡居民养老保险的改革进程，形成了养老保险制度"双轨"局面。机关事业单位养老保险在个人缴费以及退休待遇等各方面均与企业职工存在较大差异，严重影响社会公平,亟须进行改革。①

三、创新发展——多层次社会养老保险制度的整合与完善阶段

2008—2013 年,伴随着中国社会养老保险制度的改革发展,我国养老保险制度体系不断完善,扩大制度覆盖面与推进制度的整合成为这一时期改革的重点方向和内容。在企业职工基本养老保险制度方面,针对由于劳动人口流动等原因导致的养老保险覆盖面小以及制度碎片化等问题,2009 年国务院办公厅发布《关于转发人力资源社会保障部、财政部城镇企业职工基本养老保险关系转移接续暂行办法的通知》,在跨省流动的养老保险转移接续、待遇领取以及待遇核发等问题上作出明确规定,大大提高了职工养老保险覆盖面、拓展了缴费来源,为企业职工养老保险实现省级统筹奠定了基础;2010 年,《社会保险法》的颁布从法律层面明确了社会保险关系的转移接续等问题,是我国社会保险制度改革的里程碑。②

城乡居民养老保险制度在全国试点并实现全面覆盖是这一时期制度发展的重大突破。2009 年国务院出台了《关于开展新型农村社会养老保险试点的指导意见》,开始在旧农保基础上探索建立个人缴费、集体补助与政府补贴相结合的新型农村社会养老保险制度,并开始在全国不同地区开展试点;《社会保险法》的出台为新农保制度的实施提供了法律保障,此后两年我国新型农村社会养老保险实现了较快发展,参保率和覆盖率均有明显提升,到 2013 年底参保人数达到了 4.98 亿人。③ 2011 年国务院发布了《关于开展城镇居民社会养老保险试点的指导意见》,这一指导意见正式将城镇非从业人员也纳入

---

① 张思锋、李敏:《中国特色社会养老保险制度:初心、改革、再出发》,《西安交通大学学报(社会科学版)》2018 年第 6 期。

② 成志刚、文敏:《新中国成立 70 周年养老金制度的历史演变与发展图景》,《湘潭大学学报(哲学社会科学版)》2019 年第 5 期。

③ 米红、刘悦:《参数调整与结构转型:改革开放四十年农村社会养老保险发展历程及优化愿景》,《治理研究》2018 年第 6 期。

到社会养老保险制度之中。2012年新农保和城镇居民社会养老保险(以下简称"城居保")都实现了从试点到全面展开,我国城乡基本养老保险制度实现全覆盖。[1]

随着养老保险制度受益群体的全覆盖,城乡居民基本养老保险制度整合成为新阶段多层次社会养老保险制度创新发展的重要目标。2014年国务院出台了《关于建立统一的城乡居民基本养老保险制度的意见》,正式要求将新农保与城居保合并,在全国建立统一的城乡居民养老保险制度,城乡居民养老保险制度的整合与统一发展对于我国建立更加公平的社会保障制度具有重要的推动作用。另外,为了解决企事业单位之间的养老保险"双轨制"问题,2015年国务院又颁布了《关于机关事业单位工作人员养老保险制度改革的决定》,机关事业单位工作人员养老保险和企业职工养老保险实现并轨,至此,我国城乡之间、企事业单位之间的"双轨制"基本解决。2017年人社部等下发《企业年金办法》,2018年出台《关于开展个人税收递延型商业养老保险试点的通知》,我国多层次的社会养老保险体系正式建立。

第二节 党的十八大以来我国养老金制度 整合与体系完善举措

人口老龄化是新世纪以来人类社会共同面临的问题,作为人口大国,中国这一问题更是尤为突出。党的十八大以来,在习近平新时代中国特色社会主义思想的指导之下,我国逐渐确立了让老年人"老有所养、老有所依、老有所乐和老有所安"的养老事业发展思路,不断整合与完善社会养老保险制度与体系是积极应对人口老龄化,促进社会公平的重要举措。为积极应对时代变化,我国养老保险制度在制度整合与转换并轨、提高统筹层次以及投资运营与

---

① 何文炯:《中国社会保障:从快速扩展到高质量发展》,《中国人口科学》2019年第1期。

保值增值等方面推行了一系列的改革与完善举措。

一、制度整合：推动基本养老保险制度转换并轨

20 世纪 90 年代以来，我国已逐步建立起覆盖城乡的基本养老保险制度，形成了企业职工基本养老保险、机关事业单位养老保险和新型农村社会养老保险三大养老保险制度。这一养老保险体系中城乡之间、企业和机关事业单位之间养老保险"双轨制"严重影响社会公平与养老保险运行效率，党的十八大以来我国针对养老保险"双轨制"的改革逐步展开。

一是整合城乡居民养老保险，构建城乡养老一体化发展新格局。党的十八大之前我国实行新农保与城居保分别运行的制度，但是由于城乡之间劳动力流动性逐渐加大的趋势，两项制度分立对缩小城乡差距和区域差距、促进社会保障制度公平产生了一定阻碍，因此十八大报告提出要"统筹推进城乡社会保障体系建设，整合城乡居民养老保险制度"①。以党的十八大精神为指导，2014 年国务院颁布《关于建立统一的城乡居民基本养老保险制度的意见》（国发〔2014〕8 号），提出要建立城乡统一的基本养老保险制度，对城居保和新农保实施合并。城乡居民养老保险的整合实施对统一城乡居民养老保险标准、打破城乡身份限制、促进城乡公平等具有重要意义，并在基金筹集、待遇标准与基金运行等各方面作出了明确规定，进一步提升了城乡居民养老保险制度的制度公平与可持续发展能力。

二是积极推进机关事业单位养老保险改革，进一步完善更加公平可持续的养老保障体系。针对企事业单位养老保险"双轨制"的问题，2015 年国务院相继颁布《关于机关事业单位工作人员养老保险制度改革的决定》和《机关事业单位职业年金试行办法》，这标志着我国实行了半个多世纪的机关事业单位退休金制度退出舞台，为实现企事业单位养老保险"双轨制"的并轨提供了

---

① 李琼、李湘玲：《城乡居民基本养老保险制度的巩固和完善》，《甘肃社会科学》2018 年第 5 期。

具体方向。①

二、层次提高：促进社会化养老保险全国统筹

我国基本养老保险基金的统筹层次长期处于较低水平且提升缓慢，党的十八大以来，我国社会保障制度的改革更加注重公平可持续，面对人口老龄化、地区差异化以及人口流动规模不断扩大等现实问题，提升基本养老保险制度统筹层次、实现全国统筹目标成为大势所趋。② 党的十八大报告提出，要"整合城乡居民基本养老保险制度，实现基础养老金全国统筹，建立兼顾各类人员的社会保障待遇确定机制和正常调整机制"。

一是不断完善省级统筹，在省级统筹基础上逐步实现全国统筹。2016年，人社部发布《关于城镇企业职工基本养老保险关系转移接续若干问题的通知》(人社部规〔2016〕5 号)，对养老关系和户籍在相同或不同属地的养老转移接续进行了详细规定③，这一规定为未来养老保险逐步实现全国统筹厘清了户籍障碍；2017 年，人社部颁布《关于进一步完善企业职工基本养老保险省级统筹制度的通知》(人社部发〔2017〕72 号)，提出要进一步完善省级统筹制度，实现全国统筹，并要求基本养老保险制度、缴费政策、基金预算、基金使用、待遇经办等实现统一，加快全国统筹进度。现阶段我国基本养老保险省级统筹愈发完善，统筹层次稳步提高，不断向全国统筹迈进。

二是实施中央调剂制度。为应对不同省份、地区之间老龄化差异与基金缺口问题，推动养老保险统筹层次由省级向全国提升，我国积极推动中央调剂制度运行。2018 年，国务院印发《关于建立企业职工基本养老保险中央调剂

---

① 侯凤妹、左坤、邹今斐：《事业单位养老保险改革的困境与出路》，《中国老年学杂志》2019 年第 16 期。

② 黄健明：《基本养老保险全国统筹的积极效应、挑战与实践路径》，《劳动保障世界》2019年第 24 期。

③ 韩喜平、陈茱：《党的十八大以来中国完善养老保险制度的实践探索》，《理论学刊》2019年第 1 期。

制度的通知》,规定从各省份养老保险基金提取中央调剂金,设立中央社保基金财政专户,由中央统一调剂使用,帮助部分养老金收支矛盾大的省份,以缓解地区差异,提高社会养老保险基金整体抵御风险的能力。

三、变革参数:降低缴费率与养老金待遇提升并存

2018 年 3 月,中共中央印发了《深化党和国家机构改革方案》,在这一方案的第四十六条"改革国税地税征管体制"中,规定"为提高社会保险资金征管效率,将基本养老保险费、基本医疗保险费、失业保险费等各项社会保险费交由税务部门统一征收",确定了未来我国社会养老保险费征收的主管部门。

2019 年 4 月,《国务院办公厅关于印发降低社会保险费率综合方案的通知》指出,降低社会保险费率,是减轻企业负担、优化营商环境、完善社会保险制度的重要举措。明确规定:"自 2019 年 5 月 1 日起,降低城镇职工基本养老保险(包括企业和机关事业单位基本养老保险,以下简称养老保险)单位缴费比例。各省、自治区、直辖市及新疆生产建设兵团(以下统称省)养老保险单位缴费比例高于 16%的,可降至 16%;目前低于 16%的,要研究提出过渡办法。各省具体调整或过渡方案于 2019 年 4 月 15 日前报人力资源社会保障部、财政部备案。"在当前经济形势下,以避免造成企业生产经营困难为目标,降低企业职工基本养老保险单位缴费比例,无疑会加剧养老金出现缺口的严峻形势。

人力资源社会保障部和财政部于 2018 年 3 月 26 日印发了《关于建立城乡居民基本养老保险待遇确定和基础养老金正常调整机制的指导意见》,明确"人力资源社会保障部会同财政部,参考城乡居民收入增长、物价变动和职工基本养老保险等其他社会保障标准调整情况,适时提出全国基础养老金最低标准调整方案,报请党中央和国务院确定"。与此同时,企业和机关事业单位退休人员基本养老保险待遇水平也逐年调整,2019 年总体调整水平按照

2018 年退休人员月人均基本养老金的 5% 左右确定。各类养老保险制度的养老金待遇呈逐年递增趋势,与筹资的相对水平下降共同构成养老金缺口扩大的推力和拉力。

四、保值增值:扩大养老保险基金筹资渠道与推动养老保险基金投资运营

随着我国老龄化程度的加深,养老保险基金的保值增值问题备受关注。2019 年我国养老保险基金累计结余 4.26 万亿元,但是根据中国社科院的研究报告显示,未来 30 年我国老龄化程度将进一步加深,2035 年我国养老保险基金很可能出现耗尽的风险。针对这一现实问题,党的十八大以来在养老保险基金的保值增值方面的改革不断推进,2013 年党的十八届三中全会通过的《中共中央关于全面深化改革若干重大问题的决定》提出,要完善社会保险关系转移接续政策,扩大参保缴费覆盖面,适时适当降低社会保险费率;同时研究制定渐进式延迟退休年龄政策。

一是扩大养老保险基金筹资渠道,降低养老保险费率。一方面通过全民参保、国有资产划转等途径扩充养老金筹资渠道,2017 年国务院正式发布《国务院关于印发划转部分国有资本充实社保基金实施方案的通知》(国发〔2017〕49 号),为弥补养老金的"缺口"提供了重要推动作用;另一方面,降低企业养老保险缴费率,减轻企业负担,推进企业发展,从根本上增加基本养老金来源。2019 年政府工作报告中提出要"降低企业社保缴费负担,下调城镇职工基本养老保险单位缴费比例,各地可降至 16%",人社部出台《降低社会保险费率综合实施方案》等一揽子实施方案,极大减轻了企业负担。

二是推动养老保险基金投资运营。2015 年,国务院印发了《基本养老保险基金投资管理办法》(国发〔2015〕48 号),对规范基本养老保险基金投资运营,推动基本养老保险基金保值增值起到了重要作用。该办法要求坚持市场化、多元化、专业化的原则确保资产安全,实现保值增值。截至 2019 年 10 月,

我国 18 个省份近 8000 亿元养老保险基金已到账投资运营。

第三节　"两轨三种"养老金制度现状分析

一、"两轨"养老金制度

随着老龄化程度的不断加深,养老问题日趋严重,由此而造成的养老金安全和财务问题引发了各国政府的普遍关注。为积极应对人口老龄化,保障养老金安全,世界银行于 2005 年在"三支柱"模式上进一步提出"五支柱"模式①,具体内容分别是:第零层(基层保障)为基本年金,用于保障终身贫穷或未被任何养老制度覆盖的老年人;第一层为强制性社会保障制度,主要由政府税收提供支持以减缓老年贫困;第二层为强制性民营保障,资金主要来自企业和职工缴纳;第三层为自愿性商业养老保障,由个人进行适当的商业投资,更好地保障自身退休后的老年生活质量;第四层为伦理性家庭保障。②

我国积极展开多层次养老保险体系探索,2015 年党的十八届五中全会上明确提出要建立更加公平可持续的社会养老保障制度体系。伴随着我国养老保障制度的不断整合与完善,基于世界银行提出的"五支柱"养老模式下的中国特色多层次养老金保障体系基本形成:(1)零支柱。为保障部分老年社会成员基本的底线需求,我国设立了农村五保制度、最低生活保障制度以及高龄津贴保障部分社会成员的最基本生活。1999 年和 2007 年国务院分别颁布《城市居民最低生活保障条例》以及《国务院关于在全国建立农村最低生活保障制度的通知》;2012 年《中华人民共和国老年人权益保障法》提出要在地方建立"八十周岁以上低收入老年人高龄津贴制度"。(2)第一支柱。

---

① 汤兆云:《我国社会养老保险制度的改革——基于世界银行"五支柱"模式》,《江苏社会科学》2014 年第 2 期。

② Holzmann,R. and R. Hinz,"Old-Age Income Support in the 21st Century:An International Perspective on Pension Systems and Reform",Washington D.C.:The World Bank,2005.

它是我国养老保险体系的核心,指由政府财政支持的基本养老保险制度,包括企业职工养老保险制度、城乡居民养老保险制度和机关事业单位养老保险制度。(3)第二支柱。由单位或个人建立的强制性缴费确定型养老保险,具体表现为企业年金和职业年金两项制度,2004 年颁布《企业年金试行办法》,2017 年正式出台《企业年金办法》,此后年金制度不断被完善。(4)第三支柱。自愿性的企业或个人缴费确定型养老金计划,即个人储蓄型养老金和单位举办的团体养老保险制度。① (5)第四支柱。通过家庭成员和代际之间提供非正式支持,针对农村地区的计划生育扶助计划便属于"四支柱"的范畴。我国初步形成了"五支柱"模式的多层次养老保障体系,在基本保障的基础上增加了补充性养老保障,有利于养老保障体系的可持续发展。

基本养老保险制度是我国多层次养老保障体系的核心。从我国基本养老保险制度的保障对象和制度框架来看,存在"两轨"制度,这"两轨"制度在保障对象、缴费水平、养老金计算方法等方面有一定的差异,各自成体系。

第一轨:职工基本养老保险制度。根据单位性质不同,具体划分为企业职工基本养老保险制度和机关事业单位工作人员社会养老保险制度,采用"统账结合"模式。

第二轨:城乡居民基本养老保险制度。个人缴费形成个人账户,政府承担缴费补贴和基础养老金发放责任。

二、"三种"养老金制度

(一)企业职工基本养老保险制度

我国社会养老保险制度的诞生以 1951 年《中华人民共和国劳动保险条例》的颁布和实施为标志,1979 年之后,我国对传统的社会养老保险制度进行

---

① 凌文豪、孟希:《中国养老金"五支柱"模式及其未来走向》,《郑州轻工业学院学报(社会科学版)》2019 年第 10 期。

了改革,包括养老保险筹资模式、基金征缴办法、做实个人账户等多个方面,而企业职工基本养老保险制度在整个社会养老保险制度的改革与发展过程中也日趋完善,笔者梳理了1951—2010年企业职工基本养老保险制度的相关政策文件,如表3-1所示。

目前我国企业职工基本养老保险的参保对象是城镇各类企业职工、个体工商户和灵活就业人员;基金征缴办法是企业缴纳员工缴费工资的20%,计入社会统筹账户,个人缴纳本人缴费工资的8%,计入个人账户;城镇个体工商户和灵活就业人员参加基本养老保险的缴费基数为当地上年度在岗职工平均工资,缴费比例为20%,其中8%计入个人账户。基本养老金由基础养老金和个人账户养老金组成,到达退休年龄、缴费年限累计满15年的人员,退休时的基础养老金月标准以当地上年度在岗职工月平均工资和本人指数化月平均缴费工资的平均值为基数,缴费每满1年发给1%;个人账户养老金月标准为个人账户储存额除以计发月数,计发月数根据职工退休时城镇人口平均预期寿命、本人退休年龄、利息等因素确定。

表 3-1　企业职工基本养老保险制度相关政策梳理

时间	政策文件	相关内容
1951 年	《中华人民共和国劳动保险条例》	领取养老金(该阶段称为养老补助费)数额:根据企业职工在本企业的工龄,可领取本人工资的百分之三十五至百分之六十,到死亡时止; 养老金给付:由实行劳动保险的各企业行政方面或资方负担的劳动保险基金进行
1986 年	《国营企业实行劳动合同制暂行规定》	养老金筹集:企业和劳动合同制工人共同缴纳的费用; 统筹层次:国家对劳动合同制工人的退休养老保险实行社会统筹
1991 年	《关于企业职工养老保险制度改革的决定》	退休费社会统筹正式在全国推广; 养老金筹集新思路:由社会统筹和部分积累相结合的思路在以支定收的同时,多收一些钱并积累起来,用于弥补老龄化高峰期收支缺口

续表

时间	政策文件	相关内容
1995 年	《关于深化企业职工养老保险制度改革的通知》	确立财务制度;社会统筹和个人账户相结合
1997 年	《关于建立统一的企业职工基本养老保险制度的决定》	统一各地"统账结合"实施方案; 规定统一的缴费比例和管理办法
2000 年	《关于完善城镇社会保险体系的试点方案》	养老金筹资模式变化:个人账户基金由现收现付制改为积累制,存入银行或购买国债,以实现基金保价增值; 缴费比例变化:个人账户由个人缴纳 5%,单位划拨 6%,转变为完全由个人缴纳 8%,账户规模由原来的 11% 调整为 8%; 账户管理变化:实行社会统筹基金与个人账户基金分账管理,个人账户基金集中到省级社会保险经办机构管理,降低做实成本,并简化账户管理程序
2001 年	《关于完善城镇职工基本养老保险政策有关问题的通知》	对象:城镇个体工商户等自谋职业者、采取灵活方式就业的人员; 缴费基数与比例的确定:按照省级政府的规定; 缴费方式:一般应按月缴纳养老保险费,也可按季、半年、年度缴纳养老保险费,而且缴纳时间可累计折算
2001 年	《减持国有股筹集社会保障资金管理暂行办法》	规定减持国有股收入全部上缴全国社会保障基金
2001 年	《关于规范企业职工基本养老保险个人账户管理有关问题的通知》	确保个人账户真实积累;降低个人账户中缴费工资比例,所缴费用与统筹账户缴费基金分账管理
2005 年	《关于扩大做实企业职工基本养老保险个人账户试点有关问题的通知》	扩大做实个人账户试点范围; 对做实个人账户的原则、起步比例和时间以及财政补助等方面作出了具体规定

续表

时间	政策文件	相关内容
2005 年	《关于完善企业职工基本养老保险制度的决定》	扩大参保覆盖面:要求城镇各类企业职工、个体工商户和灵活就业人员都参加企业职工基本养老保险; 参保工作重点:在当时及此后一个时期内以非公有制企业职工、城镇个体工商户和灵活就业人员参保工作为重点
2007 年	《关于进一步扩大做实企业职工基本养老保险个人账户试点工作有关问题的通知》	提高做实个人账户比例:天津等 8 省(区、市)2006 年从 3% 起步做实个人账户,以后逐步提高做实比例,督促做实个人账户
2010 年	《中华人民共和国社会保险法》	明确了国家财政有为社会保险提供资金支持的责任

(二)机关事业单位基本养老保险制度

新中国成立之后,我国就颁布了相关办法,确立了机关事业单位工作人员的退休制度。1955 年 12 月,国务院颁布了《国家机关工作人员退休处理暂行办法》和《国家机关工作人员退职处理暂行办法》。按照《国家机关工作人员退休处理暂行办法》,根据工作年限的不同,每月发放的退休金占本人工资的比例不同。国家机关工作人员男子年满六十周岁、女子年满五十五周岁且工作年限已满五年,加上参加工作以前主要依靠工资生活的劳动年限,男子共满二十五年、女子共满二十年的,可以退休。如果工作年限满五年、不满十年的,发给本人工资(退休时的标准工资加退休后居住地点的物价津贴)的 50%;工作年限满十年、不满十五年的,发给本人工资的 60%。国家机关工作人员男子年满六十周岁、女子年满五十五周岁且工作年限已满十五年的,或工作年限已满十年因劳致疾丧失工作能力的,或因公残废丧失工作能力的,可以退休并发给本人工资的 70%;工作年限已满十年因劳致疾丧失工作能力的和因公残废丧失工作能力的,或工作年限在十五年以上的退休人员,发给本人工资的80%。《国家机关工作人员退职处理暂行办法》规定,工作人员的退职金,按照下列规定一次发给:(1)工作年限满五年或五年以下的,除了发给本人一个月的工资外,每满一年加发本人一个月的工资;(2)工作年限满十年或不满十年而在五年以上的,除按第一项的规定发给外,从第六年起,每满一年加发本人一个半月的工资;(3)工作年限超过十年的,除分别按第一、二两项的规定发给外,从第十一年起,每满一年加发本人两个半月的工资。

1958 年 2 月,《国务院关于工人、职员退休处理的暂行规定》公布实施,在这项暂行规定中,工人、职员退休的条件是:(1)男工人、职员年满六十周岁,连续工龄满五年,一般工龄(包括连续工龄,下同)满二十年的;女工人年满五十周岁、女职员年满五十五周岁,连续工龄满五年,一般工龄满十五年的。(2)从事井下、高空、高温、特别繁重体力劳动或者其他有损身体健康工作的工人、职员,男年满五十五周岁、女年满四十五周岁,其连续工龄和一般工龄又符合第一项条件的。(3)男年满五十周岁、女年满四十五周岁的工人、职员,连续工龄满五年,一般工龄满十五年,身体衰弱丧失劳动能力,经过劳动鉴定委员会确定或者医生证明不能继续工作的。(4)连续工龄满五年,一般工龄满二十五年的工人、职员,身体衰弱丧失劳动能力,经过劳动鉴定委员会确定或者医生证明不能继续工作的。(5)专职从事革命工作满二十年的工作人员,因身体衰弱不能继续工作而自愿退休的。退休费的标准如下:(1)符合上述第一、二两项条件的工人、职员,连续工龄在五年以上不满十年的,为本人工资的50%;十年以上不满十五年的,为本人工资的60%;十五年以上的,为本人工资的70%。(2)符合上述第三、四两项条件的工人、职员,连续工龄在五年以上不满十年的,为本人工资的40%;十年以上不满十五年的,为本人工资的50%;十五年以上的,为本人工资的60%。(3)符合上述第五项条件的工作人员,为本人工资的70%。

1978 年 6 月 2 日,国务院颁布了《国务院关于安置老弱病残干部的暂行办法》和《国务院关于工人退休、退职的暂行办法》，从 1958 年起施行的干部、工人统一的退休、退职办法重新被分成两个不同的制度。《国务院关于安置老弱病残干部的暂行办法》规定，党政机关、群众团体、企业、事业单位的干部，符合下列条件之一的，都可以退休：(1)男年满六十周岁，女年满五十五周岁，参加革命工作年限满十年的；(2)男年满五十周岁，女年满四十五周岁，参加革命工作年限满十年，经过医院证明完全丧失工作能力的；(3)因工致残，经过医院证明完全丧失工作能力的。符合上述第一项或第二项条件，抗日战争时期参加革命工作的，按本人标准工资的 90% 发给。解放战争时期参加革命工作的，按本人标准工资的 80% 发给。中华人民共和国成立以后参加革命工作，工作年限满二十年的，按本人标准工资的 75% 发给；工作年限满十五年不满二十年的，按本人标准工资的 70% 发给；工作年限满十年不满十五年的，按本人标准工资的 60% 发给。退休费低于二十五元的，按二十五元发给。符合上述第三项条件，饮食起居需要人扶助的，按本人标准工资的 90% 发给，还可以根据实际情况发给一定数额的护理费，护理费标准，一般不得超过一个普通工人的工资；饮食起居不需要人扶助的，按本人标准工资的 80% 发给。同时具备两项以上的退休条件，应当按最高的标准发给。退休费低于三十五元的，按三十五元发给。

随后的 30 多年里，企业职工基本养老保险改革不断深入，但是机关事业单位退休金制度没有做出根本性的改革，仍然沿用 20 世纪 50 年代建立起的退休金制度。

机关事业单位工作人员退休金待遇标准以退休前一个月的工资为依据，按比例计发。对于机关工作人员，基础工资和工龄工资全额发放，职级工资和级别工资根据工作年限长短按照相应比例计发。1993 年工资制度改革后施行的标准是按照最低工作年限 20 年到 35 年以上，分别以 75%、82%、88% 三个档次发放。2006 年工资制度改革修订了这一标准，规定公务员工作年限不满 10 年，按照职级工资和级别工资之和的 50% 发放，满 10 年未满 20 年的按70% 计发。对于事业单位工作人员，按照职务工资和津贴的一定比例计发退休金,按照工作年限 10 年到 35 年以上,分别计发 75%、80%、85%、90%。

2015 年以来,机关事业单位的养老保险制度经历重大改革。2015 年国务院相继下发了《国务院关于机关事业单位工作人员养老保险制度改革的决定》(国发〔2015〕2 号)和《国务院办公厅关于印发机关事业单位职业年金试行办法的通知》(国办发〔2015〕18 号),标志着我国实行了半个多世纪的机关事业单位退休制度退出舞台,为养老保险"并轨"指明了方向。① 现阶段,规定机关事业单位养老保险与企业统一,实行"一个统一",即统一实行社会统筹与个人账户相结合的基本养老保险制度,由单位和个人共同缴费,并实行与缴费挂钩的养老金待遇计发办法。同时坚持"五个同步":一是坚持机关与事业单位同步改革;二是坚持职业年金与基本养老保险制度同步建立,保证优化体系结构的同时待遇水平总体不降低;三是坚持养老保险制度改革与完善工资制度同步推进;四是坚持确定待遇机制与调整机制同步完善;五是改革在全国范围内同步实施,保证改革顺利推进。

尽管 2015 年我国便已经取消原有机关事业单位退休制度,为"双轨制"并轨指明了方向,但是整体进程缓慢,还有众多事业单位的改革尚未进行到操作阶段。在推进过程中,不同地区之间的利益平衡困难、职业年金建设与完善等问题十分突出,阻碍改革的顺利进行。②

(三)城乡居民基本养老保险制度

打破城乡"二元制",合并新农保与城居保,城乡居民养老保险制度正式建立。2014 年,国务院印发《国务院关于建立统一的城乡居民基本养老保险制度的意见》(国发〔2014〕8 号),统筹城乡社会养老保险制度,对城乡居民基

---

① 侯凤妹、左坤、邹今斐:《事业单位养老保险改革的困境与出路》,《中国老年学杂志》2019 年第 16 期。

② 沈毅:《机关事业单位养老保险改革:现状、难点及其突破》,《经济体制改革》2016 年第 3 期。

本养老保险的任务目标、参保范围、基金筹集以及待遇领取、制度衔接、基金管理等作出了明确规定。

具体实施过程中,在基金统筹上,城乡居民基本养老保险制度实行个人缴费、集体补助和政府补贴的多方来源筹集;在账户管理上,建立个人账户,实行由基础养老金和个人账户养老金构成、支付终身的养老金;待遇领取方面,规定参加城乡居民养老保险的个人,在年满 60 岁,累计缴费满 15 年的可按月领取城乡居民养老保险待遇;在待遇水平上,对城乡居民最低标准的基础养老金不断调整,养老金待遇水平稳步提高。

第四节　养老保险基金管理现状分析

一、管理主体与统筹层次

管理主体上,我国社会养老保险基金实行中央与地方分级管理,主要由劳动行政主管部门所属的社会保险专门机构进行管理。劳动部 1993 年发布的《企业职工养老保险基金管理规定》,对我国养老保险基金的管理主体作出了明确规定。一是在各项管理制度和政策制定上,企业职工和机关事业单位劳动合同制工人养老保险基金管理的各项制度和政策由劳动部负责制定,同时负责监督检查全国基金管理情况;各地区基金管理制度的实施办法由地方各级劳动行政部门负责制定,同时负责监督检查本地区的基金管理情况。二是在具体管理工作推进中,设立社会保险管理专门机构负责全国和各地方养老基金的管理工作,劳动部社会保险管理机构负责全国基金管理工作,指导地方各级社会保险管理机构的基金管理工作。地方各级社会保险管理机构负责本地区的基金管理工作。经国务院批准实行系统统筹部门的社会保险管理机构负责本部门、总公司的直属国有企业基金管理工作。

统筹层次上,社会养老保险基金长期处于省级统筹,逐步向全国统筹发展。社会养老保险基金统筹层次的高低是一国公民权益保障法制化和公平性的体现。当前我国社会养老保险基金基本实现了省级统筹,但基础养老金的统筹层次长期处于偏低水平且不统一,成为影响我国社保制度平稳运行的重要根源。① 尽快实现养老保险基金全国统筹至关重要,但是由于区域发展不平衡、地区利益冲突等一系列问题的存在,我国社会养老保险基金统筹层次的提高经历了一个长期而缓慢的过程:1991 年国务院发布《国务院关于企业职工养老保险制度改革的决定》(国发〔1991〕33 号),规定城镇职工基本养老保险基金由县市级统筹逐步向省级统筹过渡,成为我国职工基本养老保险基金省级统筹的开端。2009 年底人社部发布的统计公报显示,我国 31 个省份以及新疆生产建设兵团全面建成了省级统筹养老保险制度。② 但这仅仅是实现了最低标准下的省级统筹,远远未达到省级统筹的"六统一"标准③,各地区在基金管理使用方式上仍然存在较大差别。

实现社会养老保险基金全国统筹是未来我国社会保险改革的必然方向。2009 年以来,我国便积极推进养老保险基金由省级统筹向全国统筹提升,2010 年《中华人民共和国社会保险法》出台并提出"基本养老保险基金逐步实现全国统筹",此后"十二五"和"十三五"规划纲要中均提出要提升养老保险基金统筹层次。但是由于各省份在养老保险收支与结余等方面存在巨大差异、地区利益平衡难度大等问题,实现养老保险基金全国统筹进度不佳。2017 年党的十九大报告中再一次提出,要加强社会保障体系建设,完善城镇职工基本养老保险和城乡居民基本养老保险制度,尽快实现养老保险基金全国统筹,将实现养老保险基金全国统筹工作再次往前推进。

---

① 庞凤喜、贺鹏皓、张念明:《基础养老金全国统筹资金安排与财政负担分析》,《财政研究》2016 年第 12 期。

② 邓大松、程欣、汪佳龙:《基础养老金全国统筹的制度性改革——基于国际经验的借鉴》,《当代经济管理》2019 年第 3 期。

③ 养老保险省级统筹"六统一"标准,即统一制度和政策、统一计发办法和统筹项目、统一管理和调度使用基金、统一编制和实施基金预算以及统一经办业务和统一信息应用系统。

二、基金运行与保值增值

基金运行总体平稳。就目前所处阶段,我国社会养老保险基金运行处于总体平稳的状况,能够确保养老金按时足额发放。我国社会养老保险基金运行以安全性、流动性和收益性为主。从社会养老保险基金的收入、支出与结余来看,截至 2018 年底,我国企业职工基本养老保险基金的收入为 3.6 万亿元,支出为 3.2 万亿元,当年结余 4000 亿元,滚存结余达到 4.6 万亿元。

我国社会养老保险基金在保证安全基础上实施多元化市场投资的保值增值方式。养老保险基金的保值增值问题是养老保险基金管理的重要内容,我国养老保险基金已由原来的保守型投资逐渐向多元化市场投资发展。根据《劳动部关于发布〈企业职工养老保险基金管理规定〉的通知》(劳部发〔1993〕117 号),各级社会保险管理机构对历年滚存结余的养老保险基金,在保证各项离退休费用正常开支六个月的需要,并留足必要的周转金的情况下,按照安全有效的原则,可运用一部分结余基金增值。实现社会养老保险基金保值增值的主要方式一般有两种:一是购买国库券及国家银行发行的债券;二是委托国有银行、国有信托投资公司放款。基金增值所获得的纯收益不计税费。基金增值部分应全部转入基金,不准挪作他用。为进一步保证养老金的安全,避免老龄化社会下养老金入不敷出的情况,2015 年国务院颁布《关于印发基本养老保险基金投资管理办法的通知》(国发〔2015〕48 号),运营方式改为由各省份归集结余养老金交由专门的养老金投资机构进行多元市场化投资,以期实现养老金的保值增值。

三、多方共担与财政责任

实行多方共担的资金筹集方式。我国社会养老保险基金实行多方共担,由国家、雇主和个人三方负担,并从中划出部分作为社会统筹基金。为解决过去由国家主要承担养老金而出现的效率低下和浪费等突出问题,《国务院关于企业职工养老保险制度改革的决定》(国发〔1991〕33 号)中对我国养老保险基金的筹集来源作出了多方共担的规定,逐步建立起基本养老保险与企业补充养老保险和职工个人储蓄性养老保险相结合的制度。改变养老保险完全由国家、企业包下来的办法,实行国家、企业、个人三方共同负担,职工个人也要缴纳一定的费用。近年来并轨实施的城乡居民基本养老保险也实行个人缴费和政府补贴等多方共同负担的原则。

政府承担财政责任。随着人口老龄化的快速发展,我国基本养老保险基金的收支缺口问题日益突出,为保证养老保险制度运行的可持续性,我国政府财政补助规模不断扩大,财政责任也逐渐增大。《劳动部关于发布〈企业职工养老保险基金管理规定〉的通知》(劳部发〔1993〕117 号)中对政府的财政责任作出了明确规定,在基本养老保险基金不敷使用时,国家给予适当帮助。根据统计数据,各级财政对社会保障体系的财政补贴70%用于养老保险。

通过对我国养老保险基金管理的相关文件梳理,基本养老保险体系中的财政责任主要体现在城镇职工基本养老保险和城乡居民基本养老保险两大块上,具体表现为:一是视同缴费补贴。即在国有企业及机关事业单位改革前,个人与单位均未缴费,这一部分历史遗留费用由政府财政承担。二是基金补贴。主要包括在制度筹资和发放两个环节予以补贴。在筹资环节,是由个人缴费与财政补贴两方承担;在发放环节,基础养老金部分完全由财政负担。① 具体见表 3-2。

表 3-2　财政补贴在养老保险中的责任分担

养老保险类型	筹资环节	发放环节	财政责任
城镇职工基本养老保险	企业 16%+个人 8%	基础养老金+个人账户	历史债务 基金缺口兜底
城乡居民基本养老保险	个人+集体+财政		筹资环节补贴 基础养老金

① 董克用、郑垚、孙玉栋:《我国社会保障体系财政负担预测研究》,《新疆师范大学学报(哲学社会科学版)》2019 年第 6 期。

第四章 养老金制度进一步整合的方案设计及对缺口的影响机理

第一节 养老金制度进一步整合的必要性

一、多种养老金制度引发公平性矛盾

（一）养老金待遇公平性评价维度

现有涉及收入分配领域公平性的研究成果，一般从收入差距、个人权利、收入分配体制等角度定义公平。本书把公平界定为一种公正无偏的状态、质量或理想，即以某种假设和社会理念为基础的一种分布状况，是为了实现某种社会价值而进行分配的一种结果。由于我国社会养老保险制度存在碎片化现象，我们重点考察的是不同社会养老保险制度之间的公平性问题，属于群体层面的公平，即考察不同社会养老保险制度下的参保人养老金待遇公平性。在判断养老金待遇公平性的价值观导向上，遵循马克思提出的"各尽所能，按劳分配是形式上的平等；各尽所能，按需分配是事实上的平等"原则，在借鉴张思锋等研究成果①的基础上，考虑到参保人退休后的生活水平与退休前不宜

---

① 张思锋、雍岚：《分配结果公平性的判断、分析与推论》，《西安交通大学学报（社会科学版）》2013 年第 1 期。

差距过大,增加了对不同社会养老保险制度参保人代际收入差距维度的测量——代差,即从养老金所得、贡献、需要、代差四个维度判断养老金待遇的公平性,见图4-1。

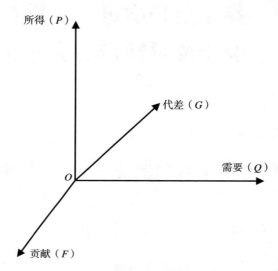

图4-1　养老金待遇公平性判断的四个维度

1. 养老金所得(P)

养老金所得是特定社会养老保险制度下的退休人员所领取的养老金平均值,既包括国家提供的基础养老金或退休金,也包括个人账户养老金,但不包括家庭提供的老年生活费用。

2. 养老金贡献(F)

养老金贡献是指领取养老金者在退休之前所缴纳的养老保险费年平均值,既包括个人缴费,也包括与个人缴费相对应的由企业缴纳的社会统筹账户基金。我国各种社会养老保险制度的建立时间有较大的差异,制度建立之前已经开始工作或领取养老金的“中人”和“老人”的养老金贡献无法用他们所缴纳的养老保险费来体现。本书研究的目的是比较不同社会养老保险制度之间的公平性,为了能够进行定量比较,我们用同一制度下、同一年份工作一代平均缴纳的养老保险费代替退休一代的养老金贡献。

3. 养老金需要（Q）

养老金需要是指满足老年居民基本生活的资金平均值。按照社会养老保险制度的定义，在中国老年人口的收入中，养老金应满足老年居民的基本生活，子女或自己的积蓄可以用以满足基本生活之外的超额需要。老年居民的基本生活需要具备两个特点：第一，从总体上看老年人口和劳动年龄人口的基本生活需要均值相等，个体之间的差异取决于个体的生理差异；第二，基本生活需要与生活环境有关，城镇居民和农村居民的基本生活需要有着较大的差异。

4. 养老金代差（G）

养老金代差是指同一时间点上退休一代的养老金与工作一代的工资收入差距。从总体的角度来看，养老金代差考察的是两代人之间的收入差距，可以用退休一代的平均养老金与工作一代的平均工资收入之间的比值衡量养老金代差。

（二）养老金待遇公平性评价方法

1. 基于所得（P）的公平性判断

设：P^e_t——t 时刻企业职工基本养老保险制度下养老金所得；P^p_t——t 时刻事业单位工作人员社会养老保险制度下养老金所得；P^u_t——t 时刻城镇居民社会养老保险制度下养老金所得；P^r_t——t 时刻新型农村社会养老保险制度下养老金所得；P^c_t——t 时刻机关事业单位工作人员退休金制度下养老金所得；L^e_t——t 时刻企业职工基本养老保险制度下的退休人数；L^p_t——t 时刻机关事业单位工作人员社会养老保险制度下的退休人数；L^u_t——t 时刻城镇居民社会养老保险制度下的退休人数；L^r_t——t 时刻新型农村社会养老保险制度下的退休人数；L^c_t——t 时刻机关事业单位工作人员退休金制度下

的退休人数。

基尼系数是判断收入分配公平程度的指标,本书借鉴基尼系数的思想,测算不同社会养老保险制度下退休人员养老金收入的基尼系数,以评价不同社会养老保险制度养老金待遇的公平性程度,分别计算 L^e_t、L^p_t、L^u_t、L^r_t、L^c_t 占 $SUM(L^e_t, L^p_t, L^u_t, L^r_t, L^c_t)$ 的百分比,分别计算 $P^e_t \cdot L^e_t$、$P^p_t \cdot L^p_t$、$P^u_t \cdot L^u_t$、$P^r_t \cdot L^r_t$、$P^c_t \cdot L^c_t$ 占 $SUM(P^e_t \cdot L^e_t + P^p_t \cdot L^p_t + P^u_t \cdot L^u_t + P^r_t \cdot L^r_t + P^c_t \cdot L^c_t)$ 的百分比,进而按照基尼系数的作图方法画出洛伦兹曲线,根据图形计算退休人员的基尼系数,即基于所得视角的中国养老金待遇公平性指数 S^p_t。

参照联合国等组织对于基尼系数衡量公平性的有关规定,将 S^p_t 低于 0.2 时定义为绝对公平,在 0.2—0.3 时定义为比较公平,在 0.3—0.4 时定义为一般,在 0.4—0.5 时定义为比较不公平,在 0.5 以上时定义为绝对不公平。

2. 基于所得与贡献(P–F)的公平性判断

设:F^e_t——t 时刻企业职工基本养老保险制度下养老金贡献;F^p_t——t 时刻事业单位工作人员社会养老保险制度下养老金贡献;F^u_t——t 时刻城镇居民社会养老保险制度下养老金贡献;F^r_t——t 时刻新型农村社会养老保险制度下养老金贡献;F^c_t——t 时刻机关事业单位工作人员退休金制度下养老金贡献。

反映数据离散程度的变量有方差、标准差、平均差等,这些变量无法规避数值度量单位的影响和原数值大小的影响,不适用于本书的研究。变异系数是标准差与均值的比值,是一个无量纲量,能够比较不同度量单位或测量主体的离散程度,因此,本书采用变异系数的计算原理,求不同社会养老保险制度下退休人员养老金所得与贡献的比值,计算这些比值的均值和标准差,用标准差除以均值得到养老金所得与贡献比值的变异系数,用变异系数表示基于所得与贡献视角的中国养老金待遇公平性指数 S^F_t。

令:

$$\overline{K_t^F} = (\frac{P_t^e}{F_t^e} + \frac{P_t^p}{F_t^p} + \frac{P_t^u}{F_t^u} + \frac{P_t^r}{F_t^r} + \frac{P_t^c}{F_t^c})/5 \tag{4-1}$$

那么:

$$\sigma_t^F = \sqrt{\frac{(\frac{P_t^e}{F_t^e} - \overline{K_t^F})^2 + (\frac{P_t^p}{F_t^p} - \overline{K_t^F})^2 + (\frac{P_t^u}{F_t^u} - \overline{K_t^F})^2 + (\frac{P_t^r}{F_t^r} - \overline{K_t^F})^2 + (\frac{P_t^c}{F_t^c} - \overline{K_t^F})^2}{5}}$$

$$\tag{4-2}$$

$$S_t^F = \frac{\sigma_t^F}{K_t^F} \tag{4-3}$$

我们参照基尼系数衡量不公平性的定义,同样界定:当 S_t^F 低于 0.2 时表示绝对公平,在 0.2—0.3 时表示比较公平,在 0.3—0.4 时表示一般,在 0.4—0.5 时表示比较不公平,在 0.5 以上时表示绝对不公平。

3. 基于所得与需要(P-Q)的公平性判断

1875 年,德国统计学家恩格尔(Engel)提出的恩格尔系数法,成为 20 世纪测算居民基本生活需要量的主要方法之一[1];1902 年,朗特里(Rowntree)提出的市场菜篮法,以居民生活必需品为依据计算居民基本生活需要量;1954 年,英国经济学家斯通(Stone)构建了线性支出模型(LES),用于测算居民基本生活需要量;1970 年,陆驰(Liuch)改进了线性支出模型,构建了测算结果更接近于居民基本生活需要实际值的扩展线性支出模型(ELES)。唐运舒等认为扩展线性支出模型相对于恩格尔系数法和收入比例法显得更为客观[2];封铁英等认为扩展线性支出模型简单易行,计算方法科学。本书运用 ELES 模型计算城镇居民和农村居民基本生活需要数据。模型推导如下:

---

① Zhang Zhiguo,Shao Yi-sheng,Xu Zong-xue,"Prediction of Urban Water Demand on the Basis of Engel's Coefficient and Hoffmann Index:Case Studies in Beijing and Jinan,China", *Water Science and Technology*,Vol. 62,No. 2,2010,pp.410-418.

② 唐运舒、于彪:《贫困线几种测量方法的实证比较》,《当代经济管理》2009 年第 5 期。

设：PL ——居民基本生活需要量；p_i ——第 i 种消费品的价格；q_i ——居民对第 i 种消费品的实际需要量；$q_i{}'$ ——居民对第 i 种消费品的基本需要量；b_i ——居民对第 i 种消费品的边际消费倾向；M ——居民人均总收入；k ——居民支出分类数。则有居民基本生活需要量扩展线性支出公式：

$$p_i q_i = p_i q_i{}' + b_i \left(M - \sum_{i=1}^{k} p_i q_i{}' \right) (i = 1, 2, \cdots, k; 0 \leqslant b_i \leqslant 1; \sum_{i=1}^{k} b_i \neq 1)$$

$$(4-4)$$

引入参数 α_i 和 V_i，其中：$\alpha_i = p_i q_i{}' - b_i \sum_{i=1}^{k} p_i q_i{}'$，$V_i = p_i q_i$。那么：

$$V_i = \alpha_i + \beta_i M + \xi_i \tag{4-5}$$

如果 α_i 和 β_i 均通过显著性检验，那么第 i 种消费品的基本需要量表示为：

$$p_i q'_i = \alpha_i + \beta_i \sum_{i=1}^{n} \alpha_i (1 - \sum \beta_i) \tag{4-6}$$

如果 α_i 未能通过显著性检验，β_i 通过了显著性检验，那么第 i 种消费品的基本需要量表示为：

$$p_i q'_i = \frac{\beta_i}{1 - \sum_{i=1}^{m} \beta_i} \sum_{k=m+1}^{n} p_k q_k \tag{4-7}$$

式（4-7）中：m 表示在 α_i 未能通过显著性检验，β_i 通过了显著性检验时第 i 种消费品的数量。我们有居民基本生活需要量：

$$PL = \sum_{i=1}^{k} p_i q_i{}' \tag{4-8}$$

设：$Q^u{}_t$ ——城镇居民基本生活需要；$Q^r{}_t$ ——农村居民基本生活需要。

令：

$$\overline{K_t{}^Q} = \left(\frac{P^e{}_t}{Q^e{}_t} + \frac{P^p{}_t}{Q^p{}_t} + \frac{P^u{}_t}{Q^u{}_t} + \frac{P^r{}_t}{Q^r{}_t} + \frac{P^c{}_t}{Q^c{}_t} \right) / 5 \tag{4-9}$$

那么：

$$\sigma^{Q}_{t} = \sqrt{\frac{(\frac{P^{e}_{t}}{Q^{e}_{t}} - \overline{K^{Q}_{t}})^{2} + (\frac{P^{p}_{t}}{Q^{p}_{t}} - \overline{K^{Q}_{t}})^{2} + (\frac{P^{u}_{t}}{Q^{u}_{t}} - \overline{K^{Q}_{t}})^{2} + (\frac{P^{r}_{t}}{Q^{r}_{t}} - \overline{K^{Q}_{t}})^{2} + (\frac{P^{c}_{t}}{Q^{c}_{t}} - \overline{K^{Q}_{t}})^{2}}{5}}$$

$$(4-10)$$

$$S^{Q}_{t} = \frac{\overline{K^{Q}_{t}}}{\sigma^{Q}_{t}} \qquad (4-11)$$

同样规定,当基于所得与需要视角的中国养老金待遇公平指数 S^{Q}_{t} 低于 0.2 时表示绝对公平,在 0.2—0.3 之间时表示比较公平,在 0.3—0.4 之间时表示一般,在 0.4—0.5 之间时表示比较不公平,在 0.5 以上时表示绝对不公平。

4. 基于所得与代差(P-G)的公平性判断

设: G^{e}_{t}——t 时刻企业职工基本养老保险制度下工作一代所得;

G^{p}_{t}——t 时刻机关事业单位工作人员社会养老保险制度下工作一代所得;

G^{u}_{t}——t 时刻城镇居民社会养老保险制度下工作一代所得;G^{r}_{t}——t 时刻新型农村社会养老保险制度下工作一代所得;G^{c}_{t}——t 时刻机关事业单位工作人员退休金制度下工作一代所得。

令:

$$\overline{K^{G}_{t}} = (\frac{P^{e}_{t}}{G^{e}_{t}} + \frac{P^{p}_{t}}{G^{p}_{t}} + \frac{P^{u}_{t}}{G^{u}_{t}} + \frac{P^{r}_{t}}{G^{r}_{t}} + \frac{P^{c}_{t}}{G^{c}_{t}})/5 \qquad (4-12)$$

那么:

$$\sigma^{G}_{t} = \sqrt{\frac{(\frac{P^{e}_{t}}{G^{e}_{t}} - \overline{K^{G}_{t}})^{2} + (\frac{P^{p}_{t}}{G^{p}_{t}} - \overline{K^{G}_{t}})^{2} + (\frac{P^{u}_{t}}{G^{u}_{t}} - \overline{K^{G}_{t}})^{2} + (\frac{P^{r}_{t}}{G^{r}_{t}} - \overline{K^{G}_{t}})^{2} + (\frac{P^{c}_{t}}{G^{c}_{t}} - \overline{K^{G}_{t}})^{2}}{5}}$$

$$(4-13)$$

$$S^{G}_{t} = \frac{\overline{K^{G}_{t}}}{\sigma^{G}_{t}} \qquad (4-14)$$

当基于所得与代差视角的中国养老金待遇公平指数 S^{G}_{t} 低于 0.2 时

表示绝对公平,在 0.2—0.3 之间时表示比较公平,在 0.3—0.4 之间时表示一般,在 0.4—0.5 之间时表示比较不公平,在 0.5 以上时表示绝对不公平。

5. 基于所得、贡献、需要、代差(P-F-Q-G)四维视角的公平性判断

退休人员的养老金所得应当综合考虑贡献、需要与代差因素,其中,需要应与养老金所得成正比,贡献与代差对养老金所得的影响不是直接的正比例关系,而是有一定的弹性系数。借鉴柯布—道格拉斯构建的生产函数的思想,考虑到"老有所养"的制度设计目标,本书构建如下养老金所得函数:

$$P_t = Q_t \cdot F_t^{\alpha} \cdot G_t^{\beta} \cdot \mu \tag{4-15}$$

当 $\alpha + \beta > 1$ 时,表明养老金所得过多地考虑了贡献与代差,是不公平的。

当 $\alpha + \beta < 1$ 时,表明养老金所得注重居民的需要,是公平的。

当 $\alpha + \beta = 1$ 时,表明养老金所得与贡献、需要、代差处于均衡状态,是公平的。

（三）数据收集

我国目前共有企业职工基本养老保险制度、城乡居民基本养老保险制度、事业单位工作人员养老保险制度三种养老金制度,再加上实际存在的非缴费型的机关事业单位退休金制度,共四类养老金制度。鉴于资料的可获得性和可比性,本书搜集 2016 年的相关统计数据作为养老金待遇公平性判断的基础数据。

1. 养老金所得（P）数据

根据《2017 年度人力资源和社会保障事业发展统计公报》和《中国劳动统计年鉴 2017》,计算得到 2016 年企业职工基本养老保险人均养老金支出为 34511.16 元/年,事业单位工作人员社会养老保险人均养老金支出约为 49789.95 元/年;城乡居民基本养老保险制度下人均养老金所得为 1520.70

元/年。2006 年以后机关事业单位平均退休金数据属于不予公开范围。2005 年机关事业单位人均离退休费为 17417.5 元/年,假设机关事业单位人均离退休费按照职工平均工资的增速增长,预测得到 2016 年机关事业单位工作人员平均退休金为 80190.95 元/年。

2. 养老金贡献(F)数据

根据《中国劳动统计年鉴 2017》《中国统计年鉴 2017》及本课题组的社会调查数据,计算得到 2016 年企业职工基本养老保险制度下人均养老金贡献为 10748.77 元/年,事业单位工作人员社会养老保险制度下人均养老金贡献为 12254.10 元/年,城乡居民基本养老保险制度下人均养老金贡献为 192.04 元/年,城镇居民社会养老保险制度下人均养老金贡献平均为 227.16 元/年,机关事业单位退休制度无须缴费,因而人均养老金贡献为 0。

3. 养老金需要(Q)数据

运用《中国统计年鉴 2017》中的按收入等级分城镇居民平均每人可支配收入、按收入等级分城镇居民家庭平均每人全年现金消费支出、按收入五等份分农村居民平均每人纯收入、按收入五等份分农村居民家庭平均每人消费支出等数据,代入式(2-4)至式(2-8),测算出 2016 年生活在城镇的居民基本生活需要和生活在农村的居民基本生活需要。

4. 养老金代差(G)数据

按照《中国劳动统计年鉴》中的行业划分方法以及我国机关事业单位的定义,根据《中国劳动统计年鉴 2017》中的"分行业就业人员和工资总额"数据,《中国统计年鉴 2017》中的"城镇居民家庭平均每人全部年收入"和"农村居民家庭平均每人年总收入"数据,计算得到:2016 年企业职工就业人员平均工资为 67125.52 元/年,机关事业单位工作人员平均工资为 74008.81 元/年,城镇居民工作一代人均收入为 33616.2 元/年,农村居民工作一代人均收入为 12363.4 元/年。

（四）养老金待遇公平性测算

1. 基于所得（P）的公平性判断

根据参数设定的结果，绘制洛伦兹曲线，见图4-2。

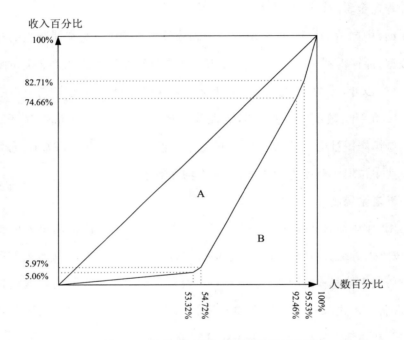

图4-2　退休人员养老金所得洛伦兹曲线

B区域的面积为：

$$S_B = [\,5.06\% \times 53.32\% + (5.06\% + 5.97\%) \times 1.40\% + (5.97\% + 74.66\%) \times$$

$$37.74\% + (74.66\% + 82.71\%) \times 3.07\% + (82.71\% + 100\%) \times 4.47\%\,] \div 2$$

$$= 0.2314$$

$A+B$区域的面积为：

$$S_{A+B} = \frac{100\% \times 100\%}{2} = 0.5$$

所以：

$$S^p_t = \frac{S_{A+B} - S_B}{S_{A+B}} = \frac{0.5 - 0.2314}{0.5} = 0.5372$$

基于所得的中国养老金待遇公平性指数 S^p_t 在 0.5 以上,说明我国不同社会养老保险制度之间的养老金待遇为"绝对不公平"。

2. 基于所得与贡献(P-F)的公平性判断

由于机关事业单位退休金制度下的养老金所得没有相应的养老金贡献,因此,基于所得与贡献来判断我国养老金待遇的公平性所得的结果必然是"绝对不公平"的。本书在剔除机关事业单位退休金制度后,测算其他三种社会养老保险制度养老金待遇的公平性指数。根据式(4-1)式(4-3),测算得到:

$$\overline{K^F_t} = 3.89, \quad \sigma^F_t = 1.47, \quad S^F_t = 0.38$$

测算结果表明,基于所得与贡献视角,企业职工基本养老保险、机关事业单位工作人员社会养老保险、城乡居民基本养老保险的养老金待遇公平性处于"一般"状态。

3. 基于所得与需要(P-Q)的公平性判断

根据式(4-9)至式(4-11),测算得到:

$$\overline{K^Q_t} = 2.63, \quad \sigma^Q_t = 2.50, \quad S^Q_t = 0.95$$

测算结果表明,基于所得与需要视角,我国不同社会养老保险制度养老金待遇处于"绝对不公平"状态。

4. 基于所得与代差(P-G)的公平性判断

根据数据搜集结果,由式(4-12)至式(4-14)计算得到:

$$\overline{K^G_t} = 0.41, \quad \sigma^G_t = 0.34, \quad S^G_t = 0.82$$

计算结果表明,基于所得与代差视角,我国不同社会养老保险制度养老金待遇处于"绝对不公平"状态。

(五)基于所得、贡献、需要与代差(P-F-Q-G)的公平性判断

由于机关事业单位退休金制度的养老金贡献为零,无法代入式(4-15)中进行参数估计,这已经说明了我国养老金待遇的不公平性。本书采用两种思路测算$(P\text{-}F\text{-}Q\text{-}G)$四维视角下我国养老金待遇的公平性。

第一,评价除机关事业单位退休金制度之外的其他三种社会养老保险制度下养老金待遇的公平性。根据式(4-15),运用 SPSS16.0 进行参数估计,得到:

$$P_t = Q_t \cdot F_t^{1.385} \cdot G_t^{1.120} \cdot (7.87E - 11), R^2 = 99.4\%, \alpha + \beta = 2.505 > 1$$

第二,按照我国养老金双轨制的改革方案,公务员将参照事业单位工作人员社会养老保险制度进行改革,但养老金水平具有刚性特征,公务员养老金不可能降低,假设公务员也按照事业单位工作人员的缴费比例提供养老金贡献,计算得到:

$$P_t = Q_t \cdot F_t^{3.097} \cdot G_t^{0.09} \cdot (1.22E - 12), R^2 = 88.9\%, \alpha + \beta = 3.187 > 1$$

两种思路下的测算结果表明,我国当前的养老金制度过多地考虑了贡献与代差,养老金待遇是"不公平"的。

二、现行养老金制度的体制性缺陷

(一)制度设计板块分割

第一板块,财政供款的机关离退休人员和未参加改革试点的事业单位离退休人员退休金制度;第二板块,2008 年开始在晋、沪、浙、粤、渝试点的事业单位工作人员养老保险制度;第三板块,"统账结合"的企业职工基本养老保险制度;第四板块,政府承担主要责任的城乡居民基本养老保险制度。据测算,四个板块覆盖的离退休人员养老金收入基尼系数是 0.5372,超过了国际公认的 0.4 警戒线,处于"绝对不公平"状态。

(二)制度结构功能紊乱

制度变迁的路径依赖性使得四个板块的养老金制度要维持参保人的职

业优势、既得利益和生活期望,由此导致:机关事业单位退休金制度的功能在于减小退休前后的收入差异;事业单位工作人员养老保险制度、企业职工基本养老保险制度更加注重个人贡献;城乡居民基本养老保险制度依赖于国家保障。考虑到养老保险制度的基本功能是保障离退休人员基本生活需要,测算得到四个板块养老金保障程度的变异系数是 0.95,处于"绝对不公平"状态。

(三)顶层设计方案缺失

中央关于养老保险制度改革的要求是一贯的,但是,《中华人民共和国社会保险法》没有关于基本养老保险制度中长期改革的目标设置,《中共中央关于全面深化改革若干重大问题的决定》仍然遵循板块化的制度设计设置改革目标。养老保险制度整体改革方案设计已经启动,但尚未有一致性意见。

三、国际养老金制度的改革趋势

人口老龄化背景下,大多数国家面临养老金的财务不可持续危机。国际养老金制度改革的趋势主要有两种:一是依赖市场的养老金私营化改革。如智利、哥伦比亚、阿根廷等国家采用专业化养老金公司模式运营养老保险,美国的 401(k)、403(b)、457 等计划,推动了养老保险体系私营化。二是依赖政府的养老金福利化改革。如芬兰实施最低养老金保障制度,墨西哥为 65 岁以上无其他养老金收入者建立非缴费型养老金制度,加拿大致力于提高非公款型老年保障金水平。

我国基本养老保险制度顶层设计应当具有中国特色,原因是:第一,体现社会主义政治制度的优越性,国家保障老年居民的基本生活;第二,体现社会主义市场经济制度的优越性,以个人缴费差异体现养老金效率;第三,吸取国际经验与教训,政府与市场相结合提供养老保障,少走弯路。

四、养老金制度并轨是必然趋势

(一)解决养老金不公平性矛盾需要养老金制度并轨

长期以来,我国按照人群特征不同设计社会养老保险制度,从而出现了多种养老金制度,这些养老金制度在保障对象、缴费水平、养老金计算办法等方面有一定的差异,各自成体系。其中,企业职工基本养老保险制度和事业单位工作人员社会养老保险制度注重贡献和代差,机关事业单位退休金制度注重代差,城乡居民基本养老保险制度注重需要。由于制度设计的差异,不同养老金制度下养老金待遇必然是不公平的。长期存在的养老金多轨制是我国养老金待遇不公平的直接原因和表层原因。

根据社会养老保险的定义,在设计社会养老保险制度时应当注重保障对象的需要,以实现"老有所养"为制度设计理念。但是,本书的测算结果表明,保障对象的贡献和代差是现行社会养老保险制度设计中处于支配地位的理念,由此导致即使有等量基本生活需求的人,也由于初次收入分配的差距使得养老金待遇有所不同。现行养老金制度设计理念偏离了通过再分配弥补初次分配不公平性的理念,仍然延续初次分配制度的设计理念,是造成养老金待遇不公平性的深层原因。

"建立什么样的社会养老保险制度"已经在我国探索了四十多年,但至今尚无定论,社会养老保险制度建设一直处于修和补的阶段,即不断修正某一社会养老保险制度,不断增加社会养老保险制度以覆盖新的人群。鉴于我国特殊的人口、经济、社会背景,应该在借鉴国外经验和我国社会养老保险制度四十多年探索经验的基础上,提出适合中国国情的养老保险制度顶层设计,而正是由于这一顶层设计缺失,才从根本上造成了我国养老金待遇的不公平性。

因此,只有实行养老金制度并轨,才能解决养老金待遇的不公平矛盾。

（二）养老金制度并轨符合我国养老保险制度演化趋势

党的十九大报告明确指出,加强社会保障体系建设的基本要求是兜底线、织密网、建机制,目标是建成覆盖全民、城乡统筹、权责清晰、保障适度、可持续的多层次社会保障体系。只有养老金制度合理并轨才能体现社会养老保险制度的城乡统筹和完善统一。

党的十九届四中全会通过的《中共中央关于坚持和完善中国特色社会主义制度　推进国家治理体系和治理能力现代化若干重大问题的决定》,提出要以"城乡统筹、可持续"作为基本养老保险制度建设的目标,加快建立基本养老保险全国统筹制度。有步骤地完善基本养老保险制度,逐步做到制度统一是实现十九届四中全会要求、完善基本养老保险制度体系的必要举措。

第二节　养老金制度进一步整合的方案设计

一、价值取向

对人类社会而言,公平是一种始终追求的价值判断和价值准则。社会公平包括权利公平、机会公平、规则公平和分配公平。权利公平就是要保障每个公民的生存和发展权,让全体国民都能够享受到经济社会发展的成果;机会公平是指要为全体国民提供同等的生存和发展机会;规则公平是指全体国民生存和发展所遵守的规章制度规范是统一的;分配公平是指社会财富在全体国民中的合理分配。社会公平是社会主义本质的内在要求。邓小平对社会主义本质的概括是解放生产力,发展生产力,消灭剥削,消除两极分化,最终实现共同富裕。实现共同富裕就包含社会公平因素,党的十九大报告明确把"公平"作为人们美好生活需要的必要内容之一。

马克思主义理论认为,在生产分配领域,劳动是实现平等分配的主要依据。我国还处于社会主义初级阶段,无法实现按需分配,只能在国民收入初次分配领域实行按劳分配的原则。在初次分配领域,实行按劳分配可能会因为个体劳动禀赋的差异而产生收入差距,而且这种差距会不断拉大。为了保证社会公平,在收入再分配领域就要体现公平性原则,确保社会成员的收入差距在合理的范围之内。社会保障制度属于收入再分配制度,目的是保障社会成员的基本生活,促进社会公平。社会养老保险制度作为社会保障制度的一个项目,是为了保障老年居民的基本生活,实现社会和谐。

社会养老保险制度应当遵行公平理念,体现在:一是居民应该享受到平等的养老保障权利和机会。无论是经济发达地区,还是经济欠发达地区,居民都应当享受到社会经济进步的成果;社会养老保险制度的开展,应当不分民族、性别、身份地位和职业,让居民都参与其中,平等地享受到养老保障。二是社会养老保险制度各个环节都要体现社会互济的理念。社会养老保险制度在基金筹集和待遇发放环节,应当体现公平性理念,为社会成员提供相对公平的保障,既要体现不同缴费档次居民的养老金差异,又要使最低养老金能够保障居民的基本生活;还要协调处理好政府、集体、个人的关系。三是社会养老保险制度要避免平均主义的误区。社会养老保险制度公平性理念的目的是保障居民的基本生存权,使其能够享受到经济社会发展的成果,而不是培养居民不劳而获的习气。因此,社会养老保险制度建设既要体现保障基本生活的目标,又要强调居民个人缴费,建立平等的权利与义务基本对应的基金机制。

二、理论依据

自 19 世纪 30 年代开始建立并逐步形成的现代社会保障制度有着独特的三阶段演进特征。第一阶段,制度诞生期。某项社会保障制度建立初期,由于新制度提供了从无到有的保障福利,从而得到社会各方面的普遍认同和一致拥护,促成制度迅速建立并普及。第二阶段,制度成长期。由于新制度内在地不可避免地存在着对不同社会群体提供的福利差异,保障水平的公平性遭到强烈质疑,因此,解决保障差异、实现保障公平是这一阶段社会保障制度演进的主要内容。制度演进的方向是,以制度覆盖的全体保障对象中享受高福利人群的保障水平为标准,就高不就低,提高制度覆盖的全体保障对象的福利水平。第三阶段,制度成熟期。由于制度覆盖的全体保障对象福利水平的普遍提高,更由于社会保障支出的刚性特征,出现了巨额的社会保障资金收支缺口,引发社会保障制度的财务不可持续性危机。社会保障制度演进规律揭示了社会保障制度演进过程中的主要风险,我国社会养老保险制度设计应当在社会保障制度演进规律指导下,综合考虑社会养老保险制度演进中的主要风险,有针对性地设计未来的社会养老保险制度。

根据历史经验,社会养老保险制度出现不公平矛盾和基金收支缺口是必然的趋势。在这样的背景下,将多种养老金制度合一,能够消除制度差异带来的养老金待遇不公平;将养老金制度合一,能够充分发挥互助共济功能,并通过合理的制度设计,尽可能避免人口老龄化等因素带来的基金收支缺口。

三、整合方案

(一)2020—2035年基本养老保险制度设计思路

到2035年,把四个板块的基本养老保险制度合并成两个板块。

一是职工基本养老保险制度。将机关事业单位退休金制度、机关事业单位工作人员养老保险制度,合并到企业职工基本养老保险制度之中,统称为"职工基本养老保险制度",实行基金统筹管理。职工基本养老保险制度全国统筹管理,实行社会统筹与个人账户相结合,单位和个人缴费率分别为16%和8%,用以发放统筹养老金和个人账户养老金。

二是居民基本养老保险制度。优化现行城乡居民基本养老保险制度,改称"居民基本养老保险制度"。居民基本养老保险全国统筹管理,坚持基础养老金福利化、个人养老金市场化的原则,由国家财政提供居民基础养老金;增设 2000 元以上的自愿性缴费档次,理顺职工与居民身份转换时的养老保险关系转续办法。

沿用两个板块的基本养老保险制度设计,在 2020—2035 年着重完善职工基本养老保险制度、居民基本养老保险制度的相关参数,真正做到以满足老年居民的美好生活需要和基本生活保障为目标,设计科学合理、符合我国国情的制度参数,做到两个板块的制度内部优化,做到每一个板块制度的真正意义上的全国统筹。

（二）2036—2050 年基本养老保险制度设计思路

到 2050 年,把 2035 年以后两个板块的基本养老保险制度合二为一。

把职工基本养老保险制度合并到居民基本养老保险制度中,称为"基本养老保险制度"。基本养老保险制度由一个部门统一管理,养老保险基金结余统一运营。按照我国当前的社会经济条件和全部参保人的经济收入特征,建议基本养老保险制度参考城乡居民基本养老保险制度设计:

年满 16 周岁(不含在校学生)的中国公民应当参加基本养老保险;个人可自由选择缴费水平,设置个人账户最低存款额,作为领取养老金的条件;政府全额支付标准统一的基础养老金,并给予个人缴费 10% 的个人账户补贴;参保人达到退休年龄,缴费年限达到 15 年,且个人账户基金累积额超过最低存款额,可领取基础养老金和个人账户养老金;基础养老金水平由国家统一确定,个人账户养老金水平为个人账户基金累积额除以最近一次人口普查得到的 60 周岁居民平均余命;改征基本养老保险税。

第三节　整合方案对养老金缺口的影响机理

一、影响机理

社会养老保险制度建设的首要目标是保障老龄人口的基本生活需求,

实现作为一种社会保障制度的基本目标。同时,社会养老保险制度建设过程中要尽可能地规避制度建设中的风险、符合国家政策的发展趋势,并能够建立起维持制度财务可持续发展的长效机制。现代社会养老保险制度可持续发展包含制度层面的可持续性、财务方面的可持续性、环境方面的可持续性等。根据社会保障制度演进规律,在社会保障制度建设的成熟期,由于制度覆盖的全体保障对象福利水平的普遍提高,更由于社会保障支出的刚性特征,出现了巨额的社会保障资金收支缺口,引发社会保障制度的财务不可持续危机。

养老金制度整合体现在多种养老金制度的并轨发展上,养老金制度的完善体现在社会养老保险制度相关参数的优化上。因此,养老金制度整合与体系完善对养老金缺口的影响体现在两个方面:一是养老金制度逐渐从多种并轨为一种,从低水平向高水平并轨,养老金刚性特征决定了制度整合和体系完善必将带来转轨成本和养老金水平的提升,进而增加基金支付压力;二是人口老龄化高峰的到来,以及全面参保计划的实施、减费降税的趋势、养老金水平不断提升的刚性要求,将导致养老金缺口继续扩大。

在养老金制度整合与体系完善过程中,参保人结构与基本养老保险基金收支之间存在这样的关系:城乡居民基本养老保险参保人与企业职工基本养老保险参保人相互流动,城乡居民基本养老保险参保人、城镇职工基本养老保险参保人向机关事业单位工作人员养老保险参保人单向流动,三种基本养老保险制度参保人分别随各自劳动年龄人口数量而发生变化。因此,在制度整合过程中,三种基本养老保险的劳动年龄人口参保人、老年人口参保人数量都在发生变化,进而影响基本养老保险基金收入和支出。缴费人口和领取待遇人口的数量变化,与养老保险制度的缴费标准、缴费年限、个人账户记账利率、计发月数、领取养老金的年龄、基础(基本)养老金标准等参数变化相交织,导致基本养老保险基金收支缺口发生变化。

设 t 时刻城乡居民基本养老保险参保人口数为 x_1，城镇职工基本养老保险参保人口数为 x_2，机关事业单位工作人员养老保险参保人口数为 x_3，基本养老保险相关参数数据集为 O，劳动年龄参保者人均缴费额为 $\bar{I}$，离退休参保者人均养老金为 $\bar{E}$，基本养老保险基金收入和支出分别为 I 和 E，基本养老保险基金缺口为 x_4。

根据制度整合与体系完善对基本养老保险基金收支的影响，得出如下假设：

H_1：由于制度整合与人口流动等原因城乡居民基本养老保险参保人口数导致城镇职工基本养老保险参保人口数的变动，此变动量为 $a_1 x_1$。

H_2：由于制度整合与人口流动等原因城镇职工基本养老保险参保人口数导致城乡居民基本养老保险参保人口数的变动，此变动量为 $a_2 x_2$。

H_3：由于制度整合与职业流动等原因城镇职工基本养老保险参保人口数导致机关事业单位工作人员养老保险参保人口数的变动，此变动量为 $a_3 x_2$。

H_4：由于时间、疾病、意外伤害等原因导致参保人退出，从而引起城乡居民基本养老保险参保人口数、城镇职工基本养老保险参保人口数、机关事业单位工作人员养老保险参保人口数的变动（主要是减少），此变动量分别为 $a_4 x_1, a_5 x_2, a_6 x_3$。

H_5：如果 t 时刻，$x_4(t) > 0$，那么 $\dfrac{\mathrm{d} x_4(t)}{\mathrm{d}t} < 0$；如果 t 时刻，$x_4(t) < 0$，那么，$\dfrac{\mathrm{d} x_4(t)}{\mathrm{d}t} > 0$。

根据假设 H_1-H_5 可得图 4-3。

根据图 4-3 和假设 H_1-H_5 可以建立如下方程组：

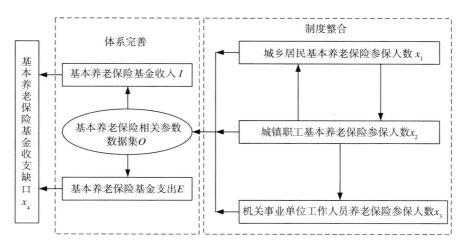

图 4-3 制度整合和体系完善对基本养老保险基金收支缺口的影响

$$\begin{cases} \dfrac{\mathrm{d}\,x_1}{\mathrm{d}t} = -\,(\,a_1 + a_4\,)\,x_1 + a_2\,x_2 \\[2mm] \dfrac{\mathrm{d}\,x_2}{\mathrm{d}t} = a_1\,x_1 - (\,a_3 + a_5\,)\,x_2 \\[2mm] \dfrac{\mathrm{d}\,x_3}{\mathrm{d}t} = a_3\,x_2 - a_6\,x_3 \\[2mm] x_4 = \overline{IO}\,x_3 - \overline{EO}\,x_2 \end{cases} \qquad (4-16)$$

其中 $a_i > 0\,(\,i = 1,2,\cdots,6\,)$。

方程组(4-16)的特征方程为:

$$\begin{vmatrix} \lambda + a_1 + a_4 & -a_3 & 0 \\ -a_1 & \lambda + a_2 + a_5 & 0 \\ 0 & -a_2 & \lambda + a_6 \end{vmatrix} = (\lambda + a_6)\big[\lambda^2 + (a_1 + a_2 + $$

$$a_4 + a_5)\lambda + a_1 a_2 + a_1 a_5 + a_2 a_4 + a_4 a_5 - a_1 a_3\big] \qquad (4-17)$$

式(4-17)的解为:

$$\lambda_1 = -a_6$$

$$\lambda_2 = -\frac{a_1 + a_2 + a_4 + a_5}{2} - \sqrt{(\frac{a_1 + a_2 + a_4 + a_5}{2})^2 - (a_1a_2 + a_1a_5 + a_2a_4 + a_4a_5 - a_1a_3)}$$

$$\lambda_3 = -\frac{a_1 + a_2 + a_4 + a_5}{2} + \sqrt{(\frac{a_1 + a_2 + a_4 + a_5}{2})^2 - (a_1a_2 + a_1a_5 + a_2a_4 + a_4a_5 - a_1a_3)}$$

且 $\lambda_1 < 0, \lambda_2 < 0, \lambda_3 > 0$。

假设 λ_1、λ_2、λ_3 互不相同（其他情形可类似讨论），方程组（4-16）的解为：

$$x_1(t) = c_{11}e^{\lambda_1 t} + c_{12}e^{\lambda_2 t} + c_{13}e^{\lambda_3 t} \tag{4-18}$$

$$x_2(t) = c_{21}e^{\lambda_1 t} + c_{22}e^{\lambda_2 t} + c_{23}e^{\lambda_3 t} \tag{4-19}$$

$$x_3(t) = c_{31}e^{\lambda_1 t} + c_{32}e^{\lambda_2 t} + c_{33}e^{\lambda_3 t} \tag{4-20}$$

$$x_4(t) = \overline{IO}(c_{31}e^{\lambda_1 t} + c_{32}e^{\lambda_2 t} + c_{33}e^{\lambda_3 t}) - \overline{EO}(c_{21}e^{\lambda_1 t} + c_{22}e^{\lambda_2 t} + c_{23}e^{\lambda_3 t})$$

$$\tag{4-21}$$

其中 $c_{ij}(i,j = 1,2,3)$ 为未知的常数。

式（4-18）至式（4-21）表明了连续状态下基本养老保险制度整合和体系完善与基本养老保险基金缺口的依赖关系，可以作为计算基本养老保险基金收支缺口的理论起点。

二、测算思路与基本假设

根据在计算中是否区分社会统筹账户和个人账户，张思锋等将"统账结合"模式下基本养老保险基金收支的精算方法分为总体法和分账户法[①]。总体法着重分析基本养老保险基金收支的宏观状况，适用于本书的研究。总体法的基本思路是：将每年的缴费总额依据基金的投资收益率求得目标期末的终值并进行加总，构成基本养老保险基金收入；将每年的发放总额依据基金的投资收益率求得目标期末的终值并进行加总，构成基本养老保险基金支出；比较收入和支出，判定基本养老保险基金的缺口值。

基于总体法的基本养老保险基金收支缺口测算思路，本书在以下假设下

---

① 张思锋、雍岚、封铁英：《社会保障精算理论与应用》，人民出版社 2006 年版。

开展养老金缺口测算：

第一,从基本养老保险基金收入构成来看,政府财政补贴也是基金收入的组成部分。鉴于我国政府在基本养老保险中最终发挥兜底作用,如果把政府弥补缺口的财政补贴计算在基金收入范畴内,我国将不存在养老金缺口。因此,本书在计算基本养老保险基金收支缺口时,不考虑政府以弥补基金收支缺口为目的的财政补贴。

第二,基本养老保险制度的基本框架保持不变。在分别计算城乡居民基本养老保险、企业职工基本养老保险、机关事业单位工作人员社会养老保险的养老金缺口时,按照现行的制度框架计算,制度整合和体系完善体现在养老金制度并轨进程和养老金参数设定环节。

第三,计算全国整体的养老金收支缺口。尽管我国三种基本养老保险尚未实现全国统筹,基金管理也并未合账计算,但本书旨在揭示未来我国面临的整体的养老金缺口风险,因此在计算中,不考虑各省份养老金缺口状况,直接计算全国养老金缺口数额,在计算中也不需要考虑中央调剂金的作用。

第四,鉴于参保人口年龄结构数据的难以获得性,本书在计算各种基本养老保险基金收支时,在考虑覆盖率约束下,以第六次全国人口普查数据为基数,预测未来基本养老保险缴费人口和领取待遇人口数。

第五章　企业职工基本养老保险养老金缺口测算

第一节　测算内容

按照《国务院关于完善企业职工基本养老保险制度的决定》（国发〔2005〕38号），企业职工基本养老保险设个人账户和社会统筹账户，并逐步做实个人账户。本书以企业职工基本养老保险账户设置为分类依据，界定企业职工基本养老保险基金收支缺口的概念。

一、个人账户超支额

企业职工基本养老保险个人账户超支额，是指参保者领取个人账户养老金的时间超过制度设定的 139 个月之后，仍按照原标准继续领取的养老金金额。由于缺少企业职工平均退休年龄的数据，我们以城市人口平均退休年龄56.1 岁替代企业职工平均退休年龄，即领取养老金 139 个月之时的平均年龄为 67.68 岁；第六次全国人口普查数据显示，我国人口平均预期寿命为 74.83岁，以此作为企业职工平均预期寿命，我国企业职工基本养老保险参保者个人账户养老金超支时间平均为 7.15 年，期间领取的个人账户养老金为个人账户超支额。据测算，到 2020 年，我国人口平均预期寿命将达到 78.26 岁，届时，个人账户养老金超支时间平均为 10.58 年。

1997 年 1 月 1 日,我国企业职工基本养老保险制度启动时,已经退休的"老人"没有个人账户,不存在个人账户超支问题;尚未退休的"中人"开始设立个人账户,在退休 139 个月之后开始出现个人账户超支问题;1997 年 1 月 1 日起参加工作的"新人"在退休 139 个月之后也面临个人账户超支问题。在财政兜底的制度条件下,当社会统筹账户无力承担"中人"和"新人"当年个人账户超支额时,由财政全额补足。因此,我国企业职工基本养老保险基金个人账户超支额由当年财政补足,不存在累积问题。

二、社会统筹账户基金收支缺口

企业职工基本养老保险社会统筹账户基金收支缺口,是指当年社会统筹账户基金的收支差额。社会统筹账户基金收入由企业职工所在单位缴纳的社会养老保险费、财政补贴、基金利息及其他收入构成;社会统筹账户基金支出由基础养老金、过渡性养老金、调剂金及其他支出构成。在财政兜底的制度条件下,社会统筹账户基金收支缺口由当年财政补足,不存在收支缺口累积问题。

需要说明的是,有学者把制度转轨成本(或称为隐性债务)列为企业职工基本养老保险基金收支缺口的重要组成部分[1][2],并进行了独立测算,本书赞成这一观点。由于"老人"没有个人账户基金积累,也没有所在企业为其上缴的社会统筹资金,因而,他们所领取的全部养老金由当年社会统筹基金、财政补贴,甚至挪用其他参保者个人账户基金支付,被称为制度转轨成本;"中人"的基础养老金、调剂金的计算年限是从其参加工作时算起,因此,制度建立前

---

[1]　边恕、胡家诗、张丽华:《中国养老金隐性债务的模型分析与偿还对策研究》,《当代经济管理》2010 年第 9 期。

[2]　陈工、谢贞发:《解决养老保险转轨成本实现个人账户"实账"运行》,《当代财经》2002 年第 10 期。

的工作年限所对应的养老金亦被称为制度转轨成本。制度转轨成本不是一次支付的,而是"老人"和"中人"从退休到死亡期间以养老金形式逐年领取的,其中当年支付的制度转轨成本我们称为当期制度转轨成本。根据《国务院关于建立统一的企业职工基本养老保险制度的决定》(国发〔1997〕26号)和《国务院关于完善企业职工基本养老保险制度的决定》(国发〔2005〕38号),构成当期制度转轨成本的"老人"和"中人"领取的基础养老金、过渡性养老金、调剂金等列支在社会统筹账户中,因此,本书在计算社会统筹账户基金收支缺口时,已经包括了当期制度转轨成本。考虑到当期制度转轨成本在政府决策中的重要作用,本书对当期制度转轨成本进行了单独测算。

我们把每年发生的个人账户超支额和社会统筹账户基金收支缺口之和称为当期企业职工基本养老保险基金收支缺口。如图5-1所示。

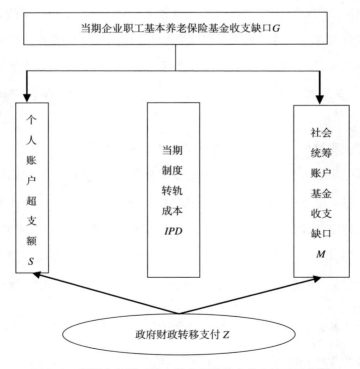

图5-1 当期企业职工基本养老保险基金收支缺口示意图

第二节　模型构建

一、前提假设

第一,企业职工基本养老保险参保缴费率、个人账户和社会统筹账户的入账比例、职工退休年龄、基础养老金计发办法、个人账户养老金计发月数保持不变。如果未来上述某项参数调整时,只需引入新参数,本测算模型仍然有效。

第二,参保职工和所在企业严格执行缴费政策,及时、足额缴费。

第三,参保职工和所在企业的缴费额、离退休职工领取的养老金均按全国平均值计算。

第四,预测期各年度社会统筹账户收入中的财政补贴额,不包括财政兜底的个人账户超支额、社会统筹账户基金收支缺口、当期制度转轨成本。

二、模型推导

(一)个人账户超支额测算模型[①]

设:I_{t-y+a} —— t 年初 y 岁离退休职工个人账户储存额终值;a ——"新人"初次就业平均年龄或"中人"1997 年时的年龄;W_a —— a 岁职工平均缴费工资;$A_{t,y}$ —— t 年初 y 岁退休职工产生的个人账户超支额;b ——退休年龄;C_r ——个人账户缴费率;g_1 ——个人因素引起的平均缴费工资增长率;r ——记账利率;O_r ——基本养老保险覆盖率;g_2 ——社会因素引起的平均缴费工资增长率;$\overline{M}$ ——个人账户养老金社会平均计发月数;$l_{y,t}$ —— t 年初

---

① 张思锋、王立剑、唐远志:《人口高龄化背景下基本养老保险个人账户未来超支测算》,《西安交通大学学报(社会科学版)》2009 年第 5 期。

y 岁的人口数；S^n_t——t 年"新人"个人账户超支额；$\overline{W}_{t-y+a,a}$——第 t 年 y 岁的职工 a 岁时平均的缴费工资；S^m_t——t 年"中人"个人账户超支额；S_t——t 年个人账户超支额。

基本养老保险个人账户超支额在"新人"和"中人"退休后 $\dfrac{M}{12}+1$ 或 $\dfrac{M}{12}$ 年出现，考虑 t 年 y 岁退休职工产生的个人账户超支额：

当 $\dfrac{M}{12}$ 为整数且 $y-b \leqslant \dfrac{M}{12}$ 时，

$$A_{t,y} = 0 \tag{5-1}$$

当 $\dfrac{M}{12}$ 为整数且 $y-b > \dfrac{M}{12}$ 时，

$$A_{t,y} = \frac{12 \cdot \left\{ \sum\limits_{x=a}^{b-1} C_r \cdot W_{t-y+a,a} \cdot \left[(1+g_1) \cdot (1+g_2) \right]^{x-a} \cdot (1+r)^{b-x} \right\}}{M} \tag{5-2}$$

当 $\dfrac{M}{12}$ 为非整数且 $y-b \leqslant \dfrac{M}{12}$ 时，

$$A_{t,y} = 0 \tag{5-3}$$

当 $\dfrac{M}{12}$ 为非整数且 $y-b = \dfrac{M}{12}+1$ 时，

$$A_{t,y} = \left[1 - \frac{M}{12} + \left(\frac{M}{12}\right) \right] \cdot 12 \cdot \left\{ \sum\limits_{x=a}^{b-1} C_r \cdot W_{t-y+a,a} \cdot \left[(1+g_1) \cdot (1+g_2) \right]^{x-a} \cdot (1+r)^{b-x} \right\} / M \tag{5-4}$$

当 $\dfrac{M}{12}$ 为非整数且 $y-b > \dfrac{M}{12}+1$ 时，

$$A_{t,y} = \frac{12 \cdot \left\{ \sum\limits_{x=a}^{b-1} C_r \cdot W_{t-y+a,a} \cdot \left[(1+g_1) \cdot (1+g_2) \right]^{x-a} \cdot (1+r)^{b-x} \right\}}{M} \tag{5-5}$$

根据式（5-1）至式（5-5），当 t 年 y 岁退休职工满足 $y \leqslant t - 1996 + a$ 时：

$$S^n_t = 12 \cdot \sum_{y=b}^{\omega-1} O_r A_{t,y} \cdot \left(\frac{l^n_{y,t} + l^n_{y+1,t+1}}{2} \right) \tag{5-6}$$

当 t 年 y 岁离退休职工满足 $t - 1996 + a < y < t - 1997 + b$ 时：

$$S^m_t = 12 \cdot \sum_{y=b}^{\omega-1} O_r A_{t,y} \cdot \left(\frac{l^m_{y,t} + l^m_{y+1,t+1}}{2} \right) \tag{5-7}$$

$$S_t = S^m_t + S^n_t \tag{5-8}$$

（二）社会统筹账户基金收支缺口测算模型

设：C_s——社会统筹账户缴费率；$Q_{x,s}$——第 s 年 x 岁退休职工的社会统筹账户养老金；T_{as}——社会统筹账户平均替代率；k_s——社会统筹账户养老金年调整率；$l'_{x,s}$——第 s 年初 x 岁退休职工人数；$l'_{x+1,s+1}$——第 $s+1$ 年初 $x+1$ 岁退休职工人数；M_t——t 年社会统筹账户基金收支缺口。

$$M = \sum_{x=a}^{b-1} \left\{ C_{r1} \cdot \overline{W_{a,s-x+a}} \cdot \left[(1+g_{y1}) \cdot (1+g_{y2}) \right]^{x-a} \cdot \left(\frac{l_{x,s} + l_{x+1,s+1}}{2} \right) \right\} - \sum_{x=b}^{\omega-1} \left\{ T_a \cdot \right.$$

$$\left. \overline{W_{a,s-x+a}} \cdot \left[(1+g_{y1}) \cdot (1+g_{y2}) \right]^{b-a-1} \cdot (1+k)^{x-b} \cdot \left(\frac{l'_{x,s} + l'_{x+1,s+1}}{2} \right) \right\} \tag{5-9}$$

当 $M = 0$ 时，目标期间企业职工基本养老保险社会统筹基金收支平衡；当 $M > 0$ 时，目标期间企业职工基本养老保险社会统筹基金收大于支；当 $M < 0$ 时，目标期间企业职工基本养老保险社会统筹基金收不抵支。

（三）当期制度转轨成本测算模型

设：IPD_t——基本养老保险转轨成本；$IPD_{o,t}$——"老人"转轨成本；$IPD_{m,t}$——"中人"转轨成本；$LO_{x,t}$——t 年 x 岁"老人"人数；Q_0——"老人"年养老金给付额；z——新制度开始运作起始的年份；ψ——养老金按工资增长率的调整率；g_y——社会平均工资增长率；v——折现率；$\sum\limits_{j=0}^{\omega-x-1} v^j \cdot$

$_jp_x$——x 岁一年生存年金系数；ε_2——过渡性养老金计发系数；TI_x——加入制度时缴费和视同缴费年限；β——平均缴费指数；$\ddot{a}_b$——退休时一元生存年金系数；λ——基础养老金发放比例；ε_3——单位调节金金额；$LM_{Z(x,t)}$—— t 年 x 岁在职"中人"人数；$LM_{T(x,t)}$—— t 年 x 岁退休"中人"人数。

"老人"转轨成本精算模型为：

$$IPD_{o,t} = \sum_{x=b+t-z}^{\omega-1} LO_{x,t} \cdot \sum_{j=0}^{\omega-x-1} Q_0 \cdot (1+\psi \cdot g_y)^j \cdot v^j \cdot {}_jp_x \tag{5-10}$$

"中人"转轨成本精算模型为：

$$IPD_{m,t} = \sum_{x=a+t-z}^{b-1} LM_{Z(x,t)} \cdot \left\{ \frac{x-(a+t-z)}{(\overline{PER})_w} \cdot \lambda \cdot \overline{W}_0 \cdot (1+g_y)^{b-x} \cdot {}_{b-x}p_x \cdot v^{b-x} \sum_{j=0}^{\omega-b-1} \left[{}_jp_b \cdot \right. \right.$$

$$\left. (1+g_y)^j \cdot v^j \right] + \varepsilon_2 \cdot TI_x \cdot \beta \cdot \overline{W}_0 \cdot (1+g_y)^{b-x} \cdot {}_{b-x}p_x \cdot v^{b-x} \cdot \ddot{a}_b \right\} + \sum_{x=b}^{b+t-z-1} L$$

$$M_{T(x,t)} \cdot \left\{ \frac{x-(a+t-z)}{(\overline{PER})_w} \cdot \lambda \cdot \overline{W}_0 \cdot \sum_{j=0}^{\omega-x-1} \left[(1+g_y)^j \cdot v^j \cdot {}_jp_x \right] + \varepsilon_2 \cdot \beta \cdot TI_x \cdot \right.$$

$$\overline{W}_0 \cdot \ddot{a}_x \right\} \tag{5-11}$$

$$IPD_t = IPD_{o,t} + IPD_{m,t} \tag{5-12}$$

$$IPD = IPD_t - IPD_{t+1} \tag{5-13}$$

（四）当期企业职工基本养老保险基金收支缺口测算模型

$$G_t = S_t + M_t \tag{5-14}$$

第三节 模型应用

一、参数设定

（1）目标区间。根据《人力资源和社会保障事业"十二五"发展规划纲要》《人力资源和社会保障事业"十三五"发展规划纲要》以及党的十九大报告对我国社会主义现代化建设作出的战略安排,本书在测算企业职工基本养老保险基金收支缺口时,以 2020 年为起点,2050 年为预测终点,把 2020—2050 年作为预测区间。

（2）初次就业平均年龄。根据《中国劳动统计年鉴 2018》中的相关数据,近年来职工初次就业年龄一般为 21—22 岁。本书将初次就业平均年龄 a 设定为 21 岁。

（3）退休年龄。根据《中华人民共和国劳动法》中关于职工退休年龄的规定,通过对我国男女人口数量比例加权,得出职工平均退休年龄 b 为 58 岁。

（4）职工极限生存年龄。根据《全国市镇从业人口生命表》,职工极限年龄 ω 取 90 岁。

（5）平均缴费工资。根据《中国劳动统计年鉴 2018》中的缴费工资数据计算,职工的平均缴费工资相当于社会平均工资的 80%,职工参加工作第一年的平均缴费工资相当于当年缴费工资的 65%。

（6）缴费工资增长率。根据党的十八大提出的 2020 年城乡居民人均收入翻番的目标,参考 1996—2018 年《中国统计年鉴》社会平均工资数据,设定缴费工资年均增长率为 13.80%。借鉴周渭兵①等的研究,设个人因素引起的年平均工资增长率 g_1 为 2.50%,社会因素引起的年平均工资增长率 g_2 为 11.30%。

（7）缴费率。依据《国务院关于完善企业职工基本养老保险制度的决定》（国发〔2005〕38 号）,企业职工基本养老保险个人账户缴费率为 8%,社会统筹账户缴费率为 20%;2019 年国务院办公厅印发《降低社会保险费率综合方案》（国办发〔2019〕13 号）,把社会统筹账户缴费率下降为 16%。本书假设企业职工基本养老保险个人账户缴费率为 8%、社会统筹账户缴费率为 16%将在目标期里持续。

---

① 周渭兵:《社会养老保险精算理论、方法及其应用》,经济管理出版社 2004 年版,第 116 页。

（8）记账利率。本书取 1999—2018 年人民币一年期定期存款利率平均值 $i_j = 0.0243$。

（9）个人账户计发月数。根据《国务院关于完善企业职工基本养老保险制度的决定》，个人账户计发月数为 139 个月。

（10）平均替代率。根据陕西省社会保障局资料，1998 年以来陕西省养老金平均替代率一般高于 80%，考虑到测算期内职工平均工资的上升趋势，本书假定养老金平均替代率 T_a 为 70%。根据现有研究①，设定个人账户替代率为 20%，社会统筹账户替代率为 50%。

（11）养老金调整率。本书假设个人账户和社会统筹账户养老金调整率相同，参照《关于改革城镇企业职工基本养老金计发办法有关问题的通知》（陕劳社发〔2006〕84 号）的规定，按照职工工资增长率 13.80% 的 60% 确定养老金年调整率，即 $k = 8.28\%$。

（12）基础养老金发放比例。由于"老人"没有个人账户，其所在企业也没有相应的社会统筹缴费，在计发基础养老金时以其退休前一年社会平均工资的一定比例发放。参照《陕西省企业职工退休基本养老金计发办法》，设定 $\lambda = 20\%$。

（13）平均缴费指数。指当年职工平均缴费工资与上年社会平均工资的比值。

（14）企业职工基本养老保险覆盖率。根据《中国统计年鉴 2018》，1996—2018 年，企业职工基本养老保险参保人数占总人口数的比例从 9.09% 增长到 21.07%，年均递增 6.20%。假设测算期内，企业职工基本养老保险覆盖率年均递增保持 6.20% 不变。

（15）参保职工年龄结构。本书以 2010 年全国人口普查资料中各年龄组的市镇人口数据为基期数据，假设企业职工基本养老保险覆盖率在各年龄段人口中是均匀分布的，采用西安交通大学人口与发展研究所测算的生命表，对

① 张思锋、张冬敏、雍岚：《引入省际人口迁移因素的基本养老保险基金收支测算——以陕西为例》，《西安交通大学学报（社会科学版）》2007 年第 2 期。

2020—2050 年各年龄组参保职工规模进行预测。

二、测算结果

根据参数设定的结果及式(5-8)、式(5-9)、式(5-13)、式(5-14)计算得到表 5-1。

表 5-1　2020—2050 年企业职工基本养老保险基金收支缺口测算结果

单位:亿元

年份	个人账户超支额	社会统筹账户收支缺口	社会统筹账户收支缺口中的转轨成本	当期企业职工基本养老保险基金收支缺口	2020 年后企业职工基本养老保险基金收支缺口累积额
2020	2425.14	2520.85	631.54	4945.99	4945.99
2021	2090.88	3694.61	653.64	5785.49	10731.48
2022	2184.45	4425.30	1850.53	6609.75	17341.23
2023	2094.57	5462.44	1094.46	7557.01	24898.24
2024	2375.63	6793.54	219.84	9169.17	34067.41
2025	2576.17	8459.78	68.89	11035.95	45103.35
2026	2818.51	10459.80	168.76	13278.31	58381.66
2027	2935.48	12832.09	288.59	15767.57	74149.23
2028	2927.06	15544.91	291.8	18471.97	92621.20
2029	4378.24	18606.04	210.09	22984.28	115605.48
2030	3761.71	21939.19	169.13	25700.90	141306.38
2031	3411.00	25472.48	112.35	28883.48	170189.85
2032	3653.52	26244.00	64.03	29897.52	200087.37
2033	3068.09	27047.25	124.24	30115.34	230202.71
2034	3932.18	27882.56	77.85	31814.74	262017.46
2035	3796.85	28775.93	130.79	32572.78	294590.23
2036	3265.28	29700.34	156.4	32965.62	327555.85
2037	3333.14	30628.46	189.75	33961.60	361517.45
2038	5068.35	31626.79	264.39	36695.14	398212.59
2039	1171.30	32522.18	293.06	33693.48	431906.06

续表

年份	个人账户超支额	社会统筹账户收支缺口	社会统筹账户收支缺口中的转轨成本	当期企业职工基本养老保险基金收支缺口	2020年后企业职工基本养老保险基金收支缺口累积额
2040	2398.60	33333.53	183.50	35732.13	467638.19
2041	2102.04	34139.81	169.15	36241.85	503880.04
2042	2247.93	34959.60	120.36	37207.53	541087.57
2043	1916.68	35377.76	115.55	37294.44	578382.01
2044	1901.34	35786.81	83.48	37688.15	616070.17
2045	3814.87	36142.88	58.34	39957.75	656027.91
2046	3872.01	36444.26	48.74	40316.27	696344.18
2047	3929.16	36629.55	31.88	40558.71	736902.89
2048	3986.30	39714.98	15.93	43701.28	780604.17
2049	4043.44	33454.69	5.66	37498.13	818102.30
2050	4100.59	30824.21	1.50	34924.80	853027.10

2020—2050年,我国企业职工基本养老保险基金个人账户超支额、社会统筹账户收支缺口、当期企业职工基本养老保险基金收支缺口的变动趋势见图5-2、图5-3和图5-4。

表5-1及图5-2、图5-3、图5-4表明:

第一,企业职工基本养老保险个人账户超支额,从2020年的2425.14亿元增长到2050年的4100.59亿元,年均递增1.76%。这是因为个人账户养老金占全部养老金的比重不足30%,领取个人账户超支额的高龄人口占全体退休职工的比重较小,且2030年左右达到人口老龄化高峰之后[1],高龄人口数量将呈递减趋势,因此企业职工基本养老保险个人账户超支额的数量和增速有限。2039年企业职工基本养老保险个人账户超支额突然下降,这与20世纪60年代初期我国出生率突然下降有关。

---

① 蔡昉:《中国的人口红利还能持续多久》,《经济学动态》2011年第6期。

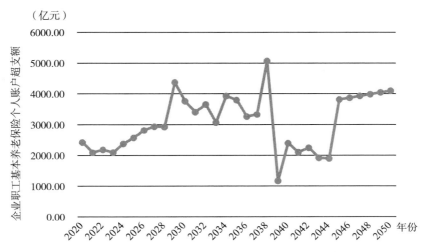

图 5-2　2020—2050 年企业职工基本养老保险个人账户超支额

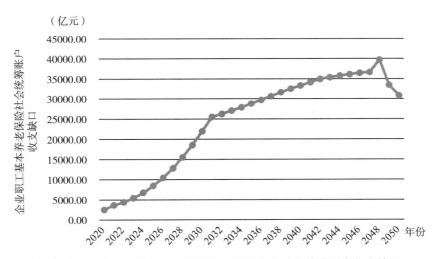

图 5-3　2020—2050 年企业职工基本养老保险社会统筹账户收支缺口

　　第二,社会统筹账户收支缺口,从 2020 年的 2520.85 亿元上升到 2050 年的 3.08 万亿元,年均递增 8.70%。随着人口老龄化进程加快,社会统筹账户收支缺口必将成为未来当期企业职工基本养老保险基金收支缺口的主体。社

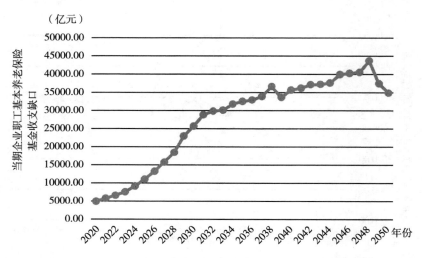

图5-4　2020—2050年当期企业职工基本养老保险基金收支缺口

会统筹账户收支缺口的增长趋势出现扰动是与当期制度转轨成本的变化密切相关的。制度转轨成本来自"中人"和"老人",随着"中人"和"老人"人数的变化会逐年下降,从2020年的631.54亿元下降到2050年的1.50亿元,年均递减18.25%。这是因为随着"中人"全部退休以及"老人"和"中人"存活人数的减少,当期制度转轨成本将呈下降趋势,直至为0。

第三,当期企业职工基本养老保险基金收支缺口,从2020年的4945.99亿元增长到2050年的3.49万亿元,年均递增6.73%。如果没有财政兜底,2020—2050年,企业职工基本养老保险基金收支缺口累计为85.30万亿元。鉴于我国实行的是财政兜底政策,因此计算企业职工基本养老保险基金收支缺口累计值,仅有参考价值,而无实际意义。

第六章 城乡居民基本养老保险养老金缺口测算

第一节 测算内容

一、城乡居民基本养老保险制度的财政责任

城乡居民基本养老保险制度采用多方共担的筹资模式,即个人缴费、集体补助与政府补贴相结合的资金筹集模式,与其他社会养老保险制度相比,更加强调政府补贴。城乡居民基本养老保险制度的政府补贴包括两个方面:

一是城乡居民基本养老保险的缴费补贴,即入口补。地方政府应当对参保人缴费给予补贴,补贴标准不低于每人每年 30 元;对选择较高档次标准缴费的,可给予适当鼓励;对于重度残疾人等缴费困难群体,地方政府为其代缴部分或全部最低标准的养老保险费。城乡居民基本养老保险的缴费补贴计入个人账户,参保人死亡,个人账户中的资金余额,除政府补贴外,可以依法继承;政府补贴余额用于继续支付其他参保人的养老金。

二是城乡居民基本养老保险的基础养老金,即出口补。《国务院关于建立统一的城乡居民基本养老保险制度的意见》规定,政府对符合领取条件的参保人全额支付基础养老金,城乡居民基本养老保险制度的基础养老金采用

现收现付制,不设立独立的账户,根据城乡居民基本养老保险基础养老金预算情况,政府拨付。

根据《国务院关于建立统一的城乡居民基本养老保险制度的意见》,城乡居民基本养老保险的账户结构实际上仅存在个人账户,用以记录个人缴费金额、政府给予的缴费补贴、基金利息等,当参保人达到养老金领取条件时,个人账户基金积累额用以发放个人账户养老金。城乡居民基本养老保险个人账户的运行模式是完全积累制。政府基础养老金补贴直接由政府财政拨付,不设立独立账户,采用现收现付制。

当城乡居民基本养老保险基金收支出现缺口时,由政府财政承担。由于城乡居民基本养老保险制度仅设个人账户,因此,城乡居民基本养老保险基金收支缺口实际上是个人账户的收支缺口,也即城乡居民基本养老保险个人账户超支额。城乡居民基本养老保险个人账户超支额出现的原因是《国务院关于建立统一的城乡居民基本养老保险制度的意见》中的两条规定,一是"个人账户养老金支付终身",二是"个人账户养老金的月计发标准为个人账户全部储存额除以139",当领取个人账户养老金者的存活时间超过139个月时,他将在领取完个人账户积累额之后继续领取个人账户养老金,继续领取的这部分即为个人账户超支额。

综上所述,城乡居民基本养老保险制度的财政责任包括缴费补贴、基础养老金、个人账户超支额三部分。

二、城乡居民基本养老保险基金收支缺口构成

城乡居民基本养老保险制度中基础养老金不设立社会统筹账户专户管理,而是采用政府直接财政拨付的方式,下发到老年居民手中。本书假设存在一个虚拟的社会统筹账户,这个虚拟的社会统筹账户的基金收入是0,而基金支出则是基础养老金,因此,基础养老金是城乡居民基本养老保险基金收支差额的组成部分。由此得到:

$$I_t = I_{gt} + I_{jt} + I_{rt} + I_{st} \qquad (6-1)$$

式中：I_t——t 年城乡居民基本养老保险基金收入；

I_{gt}——t 年城乡居民基本养老保险个人缴费额；

I_{jt}——t 年城乡居民基本养老保险政府缴费补贴额；

I_{rt}——t 年城乡居民基本养老保险基金利息收入；

I_{st}——t 年城乡居民基本养老保险虚拟社会统筹账户收入。

$$E_t = E_{zt} + E_{ct} + E_{bt} \qquad (6-2)$$

式中：E_t——t 年城乡居民基本养老保险基金支出；

E_{zt}——t 年城乡居民基本养老保险正常个人账户养老金支出，即 139 个月之内的个人账户养老金支出；

E_{ct}——t 年城乡居民基本养老保险个人账户超支额；

E_{bt}——t 年城乡居民基本养老保险基础养老金支出。

设 Y_t 表示城乡居民基本养老保险个人账户积累额，那么，城乡居民基本养老保险制度 t 年的基金规模是当年基金收入总额与上年度个人账户结余额之和。城乡居民基本养老保险制度个人账户当年积累额在实质上也是一种基金支出，应计入下一年度的基金收入。由此可得城乡居民基本养老保险基金收支缺口的计算方法是：

$$F_t = I_t + Y_{t-1} - (E_t + Y_t) = I_{gt} + I_{jt} + I_{rt} + I_{st} + Y_{t-1} - (E_{zt} + E_{ct} + E_{bt} + Y_t)$$
$$(6-3)$$

式中：F_t——t 年城乡居民基本养老保险基金收支缺口。

根据《国务院关于建立统一的城乡居民基本养老保险制度的意见》及城乡居民基本养老保险制度的账户收支原理，可得：

$$Y_t = Y_{t-1} + I_{gt} + I_{jt} + I_{rt} - E_{zt} \qquad (6-4)$$

由于

$$I_{st} = 0 \qquad (6-5)$$

所以

$$F_t = -E_{ct} - E_{bt} \qquad\qquad (6-6)$$

式(6-6)为计算城乡居民基本养老保险制度收支缺口的公式。

城乡居民基本养老保险制度收支缺口由政府财政承担,如果加上政府缴费补贴,那么,城乡居民基本养老保险制度财政支出总额为:

$$E_{ht} = |F_t| + I_{jt} = E_{ct} + E_{bt} + I_{jt} \qquad\qquad (6-7)$$

本书把由政府财政承担的所有城乡居民基本养老保险基金筹集责任全部界定为基金收支缺口。

第二节　模型构建

一、前提假设

第一,城乡居民基本养老保险整体政策框架保持稳定。本书假设在目标期内,城乡居民基本养老保险的待遇发放和基金筹集机制不会发生大的变化。

第二,政府补贴不区分中央政府补贴和地方政府补贴。《国务院关于建立统一的城乡居民基本养老保险制度的意见》规定了中央政府和地方政府对城乡居民基本养老保险制度的补贴责任,中央财政对中西部地区按中央确定的基础养老金标准给予全额补助,对东部地区给予50%的补助。由于分地区人口数据获得困难,同时考虑到本书的研究目的是测算城乡居民基本养老保险制度的基金收支缺口,无论哪一级政府提供的补贴对新农保制度的可持续性影响都不大,因此,本书将中央政府补贴和地方政府补贴统称为政府补贴。

第三,政府财政补贴采用现收现付制。对于政府补贴,不论是缴费补贴,还是基础养老金补贴,假设都采取现收现付的形式,即当年需要当年列支,不进行积累。

第四,城乡居民基本养老保险制度缴费标准换算成比例数据。考虑到未来缴费档次的变化,本书先把缴费档次换算成缴费比例,再假设缴费比例相对稳定,这样缴费数据随着经济发展、城乡居民收入状况而变动,更加符合实际。

第五,城乡居民基本养老保险制度参数动态调整。城乡居民基本养老保险制度在总体政策框架不变的前提下,应当随着社会经济的进步而不断调整城乡居民基本养老保险制度的主要参数。《国务院关于建立统一的城乡居民基本养老保险制度的意见》要求筹资标准和待遇标准要与经济发展及各方面承受能力相适应,本书假设城乡居民基本养老保险制度的筹资标准和待遇标准是动态调整的,城乡居民基本养老保险制度参数的动态性体现在参数设计部分。

二、模型推导

(一)城乡居民基本养老保险个人账户超支额测算模型

城乡居民基本养老保险每年的参保人数测算方法是:

$$L'_t = \sum_{x=a}^{b-1} L_{x,t} \cdot O_t \qquad (6-8)$$

式中:L'_t —— t 年参保人口数;

$L_{x,t}$ ——第 t 年 x 岁的人口数;

a ——城乡居民基本养老保险初始参保年龄;

b ——城乡居民基本养老保险待遇领取年龄;

O_t —— t 年城乡居民基本养老保险参保率。

单个居民 t 年个人账户缴费积累额为:

$$M_t = \overline{W}_t \cdot (C_1 + C_2 + C_3) \qquad (6-9)$$

式中:M_t —— t 年单个居民个人账户缴费积累额;

$\overline{W}_t$ —— t 年居民人均纯收入；

C_1 —— 个人缴费率；

C_2 —— 集体补助率；

C_3 —— 政府缴费补贴率。

根据式(6-8)和式(6-9)可得：

$$I'_t = L'_t \cdot M_t = \sum_{x=a}^{b-1} L_{x,t} \cdot O_t \cdot \overline{W}_t \cdot (C_1 + C_2 + C_3) \qquad (6-10)$$

式中：I'_t —— t 年城乡居民基本养老保险正常缴费收入。

由于《国务院关于建立统一的城乡居民基本养老保险制度的意见》要求距领取年龄不足 15 年的，应按年缴费，也允许补缴，累计缴费不超过 15 年，因此存在城乡居民基本养老保险补缴保费的收入：

$$I''_t = \sum_{i=b-h+1}^{b-1} L_{i,t} \cdot O_t \cdot (i + h - b) \cdot \overline{W}_0 \cdot C_1 \qquad (6-11)$$

式中：I''_t —— t 年城乡居民基本养老保险补缴保费收入；

h —— 城乡居民基本养老保险补缴保费总年份；

$\overline{W}_0$ —— 基年居民人均纯收入。

因此，t 年城乡居民基本养老保险个人账户基金收入为：

$$I_t = I'_t + I''_t = \sum_{i=a}^{b-1} L_{i,t} \cdot O_t \cdot \overline{W}_t \cdot (C_1 + C_2 + C_3) +$$
$$\sum_{i=b-h+1}^{b-1} L_{i,t} \cdot O_t \cdot (i + h - b) \cdot \overline{W}_0 \cdot C_1 \qquad (6-12)$$

基年 x 岁的居民至领取养老金年龄个人账户积累额可以表示为：

$$K_{b-t,t} = (h - t) \cdot \overline{W}_0 \cdot C_1 \times (1 + i)^t + \sum_{j=1}^{t} \overline{W}_0 \times (1 + g_y)^{t-j+1} \cdot$$
$$(C_1 + C_2 + C_3) \cdot (1 + i)^{t-j+1} \qquad (6-13)$$

式中：$K_{b-t,t}$ —— 基年 x 岁的居民至领取养老金年龄个人账户积累额；

g_y —— 目标区间内居民人均纯收入增长率；

i —— 城乡居民基本养老保险基金利息率。

由此得到：

$$Q_{b,t} = \frac{K_{b-t,t}}{n} \times 12 = \frac{(h-t) \times \overline{W}_0 \times C_1 \times (1+i)^t + \sum_{j=1}^{t} \overline{W}_0 \times (1+g_y)^{t-j+1} \times (C_1 + C_2 + C_3) \times (1+i)^{t-j+1}}{n} \times 12$$

$$(6-14)$$

式中：$Q_{b,t}$ —— t 年 b 岁参保居民的年个人账户养老金额；

n —— 城乡居民基本养老保险个人账户养老金计发月数。

参保人若在个人账户计发月数内死亡，则其个人账户的余额可以依法继承。因此，第 t 年，城乡居民基本养老保险个人账户养老金支出额可以表示为：

$$E_{zct} = \sum_{k=1}^{t} L_{b+k-1,t} \cdot O_{t-k} \cdot Q_{b,t-k+1} \cdot (1+m)^{k-1} +$$

$$\sum_{k=1}^{t} (L_{b+k-2,t} - L_{b+k-1,t+1}) \cdot K_{b-1,t-k+1} \cdot \frac{n - 12(k-1)}{n} \qquad (6-15)$$

式中：E_{zct} —— t 年城乡居民基本养老保险个人账户支出额。

城乡居民基本养老保险个人账户超支问题在居民领取养老金 $\frac{n}{12} + 1$ 或 $\frac{n}{12}$ 年出现，考虑 t 年 y 岁领取养老金者产生的个人账户超支额：

当 $\frac{n}{12}$ 为整数且 $y - b \leqslant \frac{n}{12}$ 时，

$$E_{ct,y} = 0 \qquad (6-16)$$

当 $\frac{n}{12}$ 为整数且 $y - b > \frac{n}{12}$ 时，

$$E_{ct,y} = 12 \times \{ \sum_{x=a}^{b-1} (h-t) \times \overline{W}_0 \times C_1 \times (1+i)^t + \sum_{j=1}^{t} \overline{W}_0 \times (1+g_y)^{t-j+1} \times$$

$$(C_1 + C_2 + C_3) \times (1+i)^{t-j+1} \} \div n \qquad (6-17)$$

当 $\frac{n}{12}$ 为非整数且 $y - b \leqslant \frac{n}{12}$ 时，

$$E_{ct,y} = 0 \tag{6-18}$$

当 $\dfrac{n}{12}$ 为非整数且 $y - b = \dfrac{n}{12} + 1$ 时，

$$E_{ct,y} = 1 - \frac{n}{12} + \left(\frac{n}{12}\right) \cdot 12 \cdot \Big\{ \sum_{x=a}^{b-1} (h - t) \cdot \overline{W}_0 \cdot C_1 \cdot (1 + i)^t + \sum_{j=1}^{t} \overline{W}_0 \cdot$$

$$(1 + g_y)^{t-j+1} \cdot (C_1 + C_2 + C_3) \cdot (1 + i)^{t-j+1} \Big\}/n \tag{6-19}$$

当 $\dfrac{n}{12}$ 为非整数且 $y - b > \left[\dfrac{n}{12}\right] + 1$ 时，

$$E_{ct,y} = 12 \cdot \Big\{ \sum_{x=a}^{b-1} (h - t) \cdot \overline{W}_0 \cdot C_1 \cdot (1 + i)^t + \sum_{j=1}^{t} \overline{W}_0 \cdot (1 + g_y)^{t-j+1} \cdot$$

$$(C_1 + C_2 + C_3) \cdot (1 + i)^{t-j+1} \Big\}/n \tag{6-20}$$

根据式(6-16)至式(6-20)：

$$E_{ct} = 12 \cdot \sum_{y=b}^{\omega-1} O_t E_{ct,y} \cdot \left(\frac{l_{y,t} + l_{y+1,t+1}}{2}\right) \tag{6-21}$$

（二）城乡居民基本养老保险基础养老金测算模型

$$E_{bt} = Q_{t,1} \cdot L'_t = Q_{1,1} \cdot k_1^{t-1} \cdot O_{t,1} \cdot \sum_{x=b}^{\omega-1} \frac{l_{x,1} + l_{x+1,2}}{2} \tag{6-22}$$

式中：$Q_{t,1}$ ——第 t 年城乡居民基本养老保险基础养老金标准；

k_1 ——城乡居民基本养老保险基础养老金标准调整率。

（三）城乡居民基本养老保险政府缴费补贴测算模型

$$Q_{t_0,2} = \overline{W}_{t_0} \cdot C_3$$

$$I_{jt} = Q_{t,2} \cdot L_t = Q_{1,2} \cdot k_2^{t-1} \cdot O_{t,2} \cdot \sum_{x=a}^{b-1} \frac{l_{x,1} + l_{x+1,2}}{2} \tag{6-23}$$

式中：$Q_{t,2}$ —— t 年城乡居民基本养老保险政府缴费补贴标准；

k_2 ——城乡居民基本养老保险政府缴费补贴调整率。

（四）计算城乡居民基本养老保险基金收支缺口

$$F_t = -E_{ct} - E_{bt}$$

$$= -12 \cdot \sum_{y=b}^{\omega-1} O_t E_{ct,y} \cdot \left(\frac{l_{y,t} + l_{y+1,t+1}}{2} \right) - Q_{1,1} \cdot k_1^{t-1} \cdot O_{t,1} \cdot \sum_{x=b}^{\omega-1} \frac{l_{x,1} + l_{x+1,2}}{2}$$

$$（6-24）$$

（五）计算城乡居民基本养老保险制度财政支出总额

$$E_{ht} = |F_t| + I_{jt} = E_{ct} + E_{bt} + I_{jt}$$

$$= 12 \cdot \sum_{y=b}^{\omega-1} O_t E_{ct,y} \cdot \left(\frac{l_{y,t} + l_{y+1,t+1}}{2} \right) + Q_{1,1} \cdot k_1^{t-1} \cdot O_{t,1} \cdot$$

$$\sum_{x=b}^{\omega-1} \frac{l_{x,1} + l_{x+1,2}}{2} + Q_{1,2} \cdot k_2^{t-1} \cdot O_{t,2} \cdot \sum_{x=a}^{b-1} \frac{l_{x,1} + l_{x+1,2}}{2} \qquad （6-25）$$

第三节　模型应用

一、参数设定

由于城乡居民基本养老保险制度参保者的主体是农村居民,且城镇居民是生活在城镇中收入相对较低的群体,因此,本书在设定各项参数时,主要参照农村的统计数据。

（1）城乡居民基本养老保险制度参数中的初始缴费年龄 a、初始领取养老金年龄 b、个人账户养老金计发月数 n、个人账户记账利率 r、养老金年调整率 m、农村居民人均纯收入的年调整率 g_y 均参照《国务院关于建立统一的城乡居民基本养老保险制度的意见》的规定。

（2）农村居民年人均纯收入 $\overline{W}$。根据"灰色新陈代谢 $GM(1,1)$ 模型",以 2000—2018 年的数据为基础,预测得到 2020—2050 年农村居民年人均纯收入的数值。

（3）基年基础养老金标准 $Q_{t_0,1}$。根据调查结果，被调查者平均实际领取的养老金为每人每月 139.95 元，设定 $Q_{t_0,1}$ = 139.95。

（4）参保缴费率 C_1。调查结果显示，居民缴费额和人均纯收入的加权平均值分别为 192.04 元、5153.17 元。本书假定农村居民缴费率为 192.04/5153.17 = 3.73%。

（5）集体补助率 C_2。根据社会调查结果，目前集体补助基本缺失，少数实行集体补助的村，补助的形式也是补助到 C_1 之中，因此 C_2 为 0。

（6）政府缴费补贴率 C_3。根据《国务院关于建立统一的城乡居民基本养老保险的指导意见》，制度缴费补贴的额度是最低每人每年 30 元的最低标准，即 C_3 为 92.04/5153.17 = 1.79%。

（7）养老金年调整率 m。参考 2000—2017 年《中国统计年鉴》农村居民生活消费支出增长率的二项移动平均值的平均值作为调整率，即 m = 10.70%。

（8）缴费年限 h。《国务院关于建立统一的城乡居民基本养老保险的指导意见》将 15 年作为 45 周岁以下居民参加城乡居民基本养老保险的最低缴费年限。本书设 h = 15 年。

（9）第 t 年参保率 O_t。根据调查的结果，城乡居民基本养老保险制度参保率已经普遍达到 85% 以上，最高的达到 99.01%，综合我国实际，设定城乡居民基本养老保险参保率为 95%。

（10）第 t 年养老金领取率。根据陕西省人力资源和社会保障厅提供的数据，60 周岁以上老年居民养老金达到 97% 以上，本书设定养老金领取率为 100%。

二、测算结果

根据式(6-21)至式(6-25)以及参数设定的结果，计算得到表 6-1。

表6-1　城乡居民基本养老保险基金收支缺口测算结果

单位:亿元

年份	个人账户超支额	基础养老金	政府缴费补贴	基金收支缺口	财政支出总额
2020	0	1882.70	203.86	1882.70	2086.56
2021	0	2034.13	218.04	2034.13	2252.17
2022	0	2297.79	228.70	2297.79	2526.49
2023	33.24	2658.68	236.60	2691.92	2928.52
2024	37.58	3019.91	246.07	3057.49	3303.56
2025	43.62	3435.70	255.08	3479.32	3734.40
2026	49.60	3903.95	263.91	3953.55	4217.46
2027	56.51	4368.97	275.05	4425.48	4700.53
2028	64.30	4977.62	282.18	5041.92	5324.10
2029	72.47	5620.57	311.46	5693.04	6004.50
2030	83.17	6386.44	340.96	6469.61	6810.57
2031	93.81	7148.83	376.10	7242.64	7618.74
2032	106.61	7966.36	414.49	8072.97	8487.46
2033	119.20	8806.09	457.56	8925.29	9382.85
2034	132.56	9684.15	504.71	9816.71	10321.42
2035	146.17	10541.58	558.79	10687.75	11246.54
2036	160.34	11416.36	618.32	11576.70	12195.02
2037	173.95	12195.56	688.56	12369.51	13058.07
2038	187.76	13024.34	764.49	13212.10	13976.59
2039	199.63	13829.61	849.71	14029.24	14878.95
2040	212.17	14609.86	945.70	14822.03	15767.73
2041	224.39	15400.21	1052.77	15624.60	16677.37
2042	235.67	16429.05	1161.61	16664.72	17826.33
2043	246.91	17317.15	1290.13	17564.06	18854.19
2044	262.46	18404.96	1424.92	18667.42	20092.34
2045	275.16	19743.77	1567.06	20018.93	21585.99
2046	291.73	21693.85	1705.71	21985.58	23691.29
2047	312.28	24337.05	1839.94	24649.33	26489.27
2048	343.72	27045.11	2001.34	27388.83	29390.17

续表

年份	个人账户 超支额	基础养老金	政府缴费 补贴	基金收支 缺口	财政支出 总额
2049	388.81	30234.26	2178.10	30623.07	32801.17
2050	401.24	31000.42	2248.69	31401.66	33650.35

由表 6-1,可得图 6-1 至图 6-5。

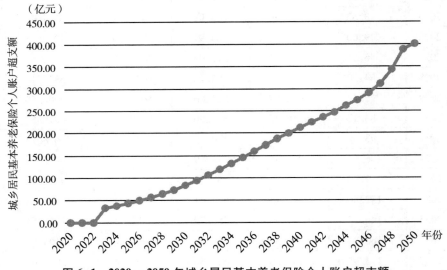

图 6-1　2020—2050 年城乡居民基本养老保险个人账户超支额

1. 城乡居民基本养老保险个人账户超支额

城乡居民基本养老保险基金个人账户超支额自 2023 年开始显现,呈现出快速增长的趋势。2023 年,个人账户超支额一出现就达到了 33.24 亿元,并以 9.66% 的年均增速增长到 2050 年的 401.24 亿元。城乡居民基本养老保险制度个人账户超支额在 2023 年出现的原因是新农保制度是 2012 年建立的,个人账户也从 2012 年开始积累基金,即使是从 2012 年开始就有老年居民领取个人账户养老金,那么也要在 139 个月(11.58 年)之后他的个人账户基金积累额才会被领完,出现个人账户超支现象。

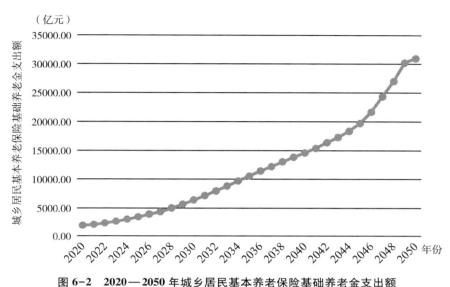

图 6-2　2020—2050 年城乡居民基本养老保险基础养老金支出额

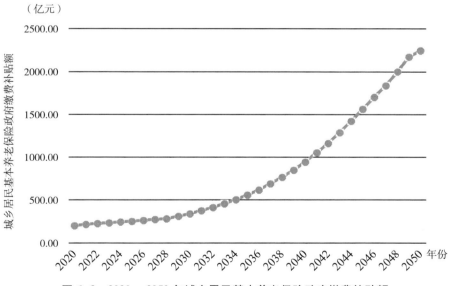

图 6-3　2020—2050 年城乡居民基本养老保险政府缴费补贴额

（亿元）

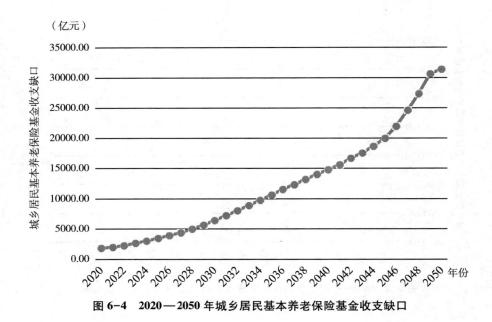

图 6-4　2020—2050 年城乡居民基本养老保险基金收支缺口

（亿元）

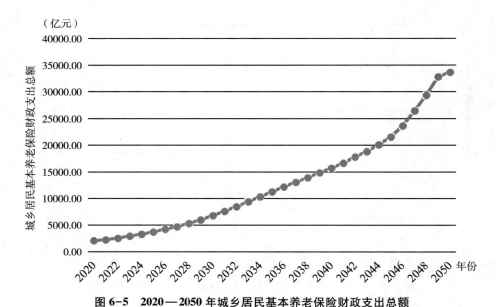

图 6-5　2020—2050 年城乡居民基本养老保险财政支出总额

2. 城乡居民基本养老保险基础养老金

城乡居民基本养老保险基础养老金全额由政府财政支付。测算结果表明,我国城乡居民的基础养老金规模较大,且增长速度很快。2020 年,城乡居民基本养老保险基础养老金规模是 1882.70 亿元,到 2050 年,城乡居民基本养老保险基础养老金规模则快速上升到 3.10 万亿元,年均增速达到了9.79%。造成城乡居民基本养老保险基础养老金规模快速上升的原因主要有两个:第一,领取基础养老金的人数增加。由于我国农村地区人口老龄化速度的加快,农村老龄人口数量快速增加。第二,基础养老金标准不断提升。国家根据经济发展和物价变动等情况,适时调整全国城乡居民基础养老金的最低标准。2020—2050 年,我国基础养老金标准必然会不断提升,这也将引发基础养老金规模的上升。

3. 城乡居民基本养老保险政府缴费补贴

政府缴费补贴是激励城乡居民参保缴费的主要措施。随着经济发展和物价变动以及居民缴费水平的提高,城乡居民基本养老保险政府缴费补贴也必将提升。测算结果表明,2020 年,城乡居民基本养老保险政府缴费补贴总额是 203.86 亿元,到 2050 年增长到 2248.69 亿元,年均增长率达到8.33%。

4. 城乡居民基本养老保险基金收支缺口

城乡居民基本养老保险基金收支缺口的来源是个人账户超支额和基础养老金。由于城乡居民基本养老保险基础养老金所对应的虚拟社会统筹账户的收入是 0,因此,城乡居民基本养老保险基础养老金全部都是基金收支缺口的组成部分。测算结果表明,城乡居民基本养老保险基金收支缺口在 2020 年是1882.70 亿元,增长到 2050 年达到 3.14 万亿元,年均增长速度是 9.83%。

5. 城乡居民基本养老保险财政支出总额

城乡居民基本养老保险财政支出总额是中央政府和地方政府每年需要拨付的用于支付制度基础养老金、个人账户超支额、居民缴费补贴等项目的资金总量,这对于计算养老金制度运行所需更有意义。测算结果显示,2020 —

2050 年,城乡居民基本养老保险财政支出总额增长迅速,从 2086.56 亿元增长到 3.37 万亿元。导致城乡居民基本养老保险财政支出额快速增加的原因主要是城乡老年居民人口数量的快速增长、城乡高龄居民数量的增加以及城乡居民基本养老保险制度保障水平的提升。

巨额的城乡居民基本养老保险财政支出总额将会给政府财政带来沉重的负担,特别是 2034 年之后,城乡居民基本养老保险财政支出总额将突破万亿元,城乡居民基本养老保险制度面临着较大的财务不可持续风险。

第七章　机关事业单位工作人员养老保险养老金缺口测算

第一节　测算思路

一、制度背景

我国机关事业单位退休金制度源于 1955 年国务院颁布的《国家机关工作人员退休处理暂行办法》和《国家机关工作人员退职处理暂行办法》，在此之前，国家机关事业单位工作人员的退休待遇并没有标准规定。1978 年，国务院颁布《关于安置老弱病残干部的暂行办法》，标志着机关事业单位退休金制度正式成形。该文件详细规定了党政机关、群众团体、企业、事业单位干部退休条件、退休费发放标准以及善后抚恤等：男性年满六十周岁，女性年满五十五周岁，参加革命工作年满十年的即可申请退休；中华人民共和国成立后参加革命工作，年限满二十年，按本人工资标准的百分之七十五发放退休金；离职和退休干部去世之后，其抚恤费与在职干部去世保持一致；等等。机关事业单位退休金制度资金来源为财政，所在单位与个人无须为工作人员退休后的退休金缴费。进入 20 世纪 90 年代，国家对企业职工基本养老保险制度进行了改革，到 1997 年已经初步建立全国统一的企业职工基本养老保险制度，并在改革中不断完善。但是同时期,我国机关事业单位退休金制度改革虽然在部分地区陆续展开,但是改革缓慢,没有取得实质性进展。

2008 年,国务院推出《事业单位工作人员养老保险制度改革试点方案》,要求"建立起社会统筹与个人账户相结合的事业单位工作人员基本养老保险制度"。在制度框架上,事业单位工作人员养老保险制度与企业职工基本养老保险制度较为相似,都规定单位缴纳基本养老保险费一般不超过单位工资总额的 20%,个人缴纳基本养老保险费的比例为本人缴费工资的 8%。养老金计发办法也与企业职工基本养老保险制度保持一致。

2014 年 12 月 23 日,十二届全国人大常委会第十二次会议审议通过了养老金双轨制改革方案,方案按照"一个统一、五个同步"的基本思路设计。所谓"一个统一"即要求党政机关、事业单位以及企业实行统一的基本养老保险制度,都实行单位与个人缴费;所谓"五个同步"即机关与事业单位改革同步、职业年金与基本养老保险制度建立同步、养老保险制度改革与完善工资制度推进同步、待遇调整机制与计发办法改革同步、改革在全国范围内实施同步。

二、缺口界定

2015 年,国务院发布《关于机关事业单位工作人员养老保险制度改革的决定》,对机关事业单位工作人员的养老保险进行了详细的制度框架构建。其中规定:(1)筹资来源上,由单位和个人共同承担。(2)缴纳比例上,单位缴纳比例为本单位工资总额的 20%,个人缴纳基本养老保险费的比例是个人缴费工资的 8%。按本人缴费工资 8%的数额建立基本养老保险个人账户,全部由个人缴费形成。(3)缴费基数上,个人工资超过当地上年度在岗职工平均工资 300%以上的部分,不计入个人缴费工资基数;低于当地上年度在岗职工平均工资 60%的,按当地在岗职工平均工资的 60%计算个人缴费工资基数。同时该决定提出了基本养老金计发办法:"一是决定实施后,参加工作、个人缴费年限累计满 15 年的人员,退休后按月发给基本养老金。基本养老金由基础养老金和个人账户养老金组成。退休时的基础养老金月标准以当地上年度在岗职工月平均工资和本人指数化月平均缴费工资的平均值为基数,缴费每满1年发给1%。个人账户养老金月标准为个人账户储存额除以计发月数,计发月数根据本人退休时城镇人口平均预期寿命、本人退休年龄、利息等因素确定。二是该决定实施前参加工作、实施后退休且缴费年限(含视同缴费年限,下同)累计满15年的人员,按照合理衔接、平稳过渡的原则,在发给基础养老金和个人账户养老金的基础上,再依据视同缴费年限长短发给过渡性养老金。三是在该决定实施后达到退休年龄但个人缴费年限累计不满15年的人员,其基本养老保险关系处理和基本养老金计发比照《实施〈中华人民共和国社会保险法〉若干规定》(人力资源社会保障部令第13号)执行。四是该决定实施前已经退休的人员,继续按照国家规定的原待遇标准发放基本养老金,同时执行基本养老金调整办法。机关事业单位离休人员仍按照国家统一规定发给离休费,并调整相关待遇。"

根据上述机关事业单位工作人员养老保险制度的详细规定,制度框架与企业职工基本养老保险基本一致,因此养老金缺口测算的思路也基本一致。

本书将机关事业单位每年的缴费总额依据基金投资收益率求得目标期末的终值并进行加总,构成机关事业单位养老保险收入;同理,将机关事业单位每年的发放总额根据基金投资收益率求得目标期末的终值并进行加总,构成机关事业单位养老保险支出。当收入大于支出,则是盈余;当收入小于支出,则是基金缺口。

第二节　模型构建

一、前提假设

受现有数据与研究的限制,对机关事业单位养老金缺口测算中涉及的问题进行如下假设：

第一，机关事业单位在职人员总数稳定，在目标区间内各年龄阶段人数比重保持不变。

第二，在目标区间内，机关事业单位退休人口年龄结构与 2010 年全国人口普查的人口年龄结构层次相同。

第三，假设《2018 中国人力资源统计报告》中"公有制经济领域专业技术人才资源总体分布情况"统计指标统计的全部都是事业单位工作人员。

二、模型推导

对相关参数界定如表 7-1 所示。

表 7-1　机关事业单位工作人员养老保险相关参数

参数	意义	参数	意义
I_s	第 s 年机关事业单位工作人员养老保险基金收入	g_{y1}	个人因素引起的年工资增长率
n	制度的目标期间	g_{y2}	社会因素引起的年工资增长率
r	基金投资收益率	a	机关事业单位职工就业年龄
C_r	缴费率	b	机关事业单位工作人员职工退休年龄
$l_{x,s}$	第 s 年初 x 岁职工人数	$l_{x+1,s+1}$	第 $s+1$ 年初 $x+1$ 岁机关事业单位职工人数
E_s	第 s 年机关事业单位工作人员养老保险基金支出	T_a	平均替代率
$l'_{x+1,s+1}$	第 $s+1$ 年初 $x+1$ 岁机关事业单位退休职工人数	k	养老金年调整率
$l'_{x,s}$	第 s 年初 x 岁机关事业单位退休职工人数	$\overline{W_{a,1}}$	基年 a 岁机关事业单位职工的平均工资
w	机关事业单位职工生存极限年限	$W_{a,s-x+a}$	第 $s-x+a$ 年 a 岁机关事业单位职工的平均工资

借鉴企业职工基本养老保险基金收支缺口总体法的测算思路，得到：

（一）机关事业单位工作人员养老保险收入模型

1.第 s 年 x 岁机关事业单位职工平均工资为：

$$W = \overline{W_{a,1}}(1 + g_{y2})^{s-1}(1 + g_{y1})^{x-a} \tag{7-1}$$

2.第 s 年机关事业单位工作人员养老保险基金收入 I_s 为：

$$I_s = C_r \sum_{x=a}^{b-1} \left(W \frac{l_{x,s} + l_{x+1,s+1}}{2} \right) \tag{7-2}$$

3.根据总体法可知机关事业单位工作人员养老保险收入为：

$$I = \sum_{s=1}^{n} I_s (1 + r)^{n-s} \tag{7-3}$$

4.综合式（7-1）至式（7-3）可得机关事业单位工作人员单位养老保险收入为：

$$I = \sum_{s=1}^{n} (1 + r)^{n-s} \cdot \left[C_r \cdot \overline{W_{a,1}} \cdot (1 + g_{y2})^{s-1} \cdot \sum_{x=a}^{b-1} (1 + g_{y1})^{x-a} \cdot \frac{l_{x,s} + l_{x+1,s+1}}{2} \right] \tag{7-4}$$

（二）机关事业单位工作人员养老保险支出模型

1.第 $s-x+a$ 年 a 岁机关事业单位工作人员的平均工资，即第 s 年 x 岁机关事业单位工作人员在其工作第一年的平均工资：

$$\overline{W_{a,s-x+a}} = \frac{\overline{W_{a,1}} \cdot (1 + g_{y2})^{s-1}}{(1 + g_{y2})^{(x-a)}} \tag{7-5}$$

2.第 s 年 x 岁机关事业单位工作人员养老保险基金支出为：

$$Q_{x,s} = T_a \cdot \overline{W_{a,s-x+a}} \cdot [(1 + g_{y1}) \cdot (1 + g_{y2})]^{b-a-1} \cdot (1 + k)^{x-b} \tag{7-6}$$

3.第 s 年机关事业单位工作人员养老保险基金支出为：

$$E_s = \sum_{x=b}^{\omega-1} \left(Q_{x,s} \cdot \frac{l'_{x,s} + l'_{x+1,s+1}}{2} \right) \tag{7-7}$$

4. 机关事业单位工作人员养老保险支出为：

$$E = \sum_{s=1}^{n} E_s \cdot (1+r)^{n-s} \tag{7-8}$$

5. 综合式(7-5)至式(7-8)得机关事业单位养老保险支出为：

$$E = \sum_{s=1}^{n} (1+r)^{n-s} \cdot (1+g_{y2})^{s-1} \cdot \left[T_a \cdot \overline{W_{a,1}} \cdot (1+g_{y1})^{b-a-1} \cdot (1+g_{y2})^{b-a-1} \cdot \right.$$

$$\left. \sum_{x=b}^{\omega-1} \frac{(1+k)^{x-b} \cdot \dfrac{l'_{x,s} + l'_{x+1,s+1}}{2}}{(1+g_{y2})^{(x-a)}} \right] \tag{7-9}$$

(三)机关事业单位工作人员养老金缺口测算模型

$$C = E - I = \sum_{s=1}^{n} (1+r)^{n-s} \cdot (1+g_{y2})^{s-1} \cdot \left[T_a \cdot \overline{W_{a,1}} \cdot (1+g_{y1})^{b-a-1} \cdot \right.$$

$$(1+g_{y2})^{b-a-1} \cdot \sum_{x=b}^{\omega-1} \frac{(1+k)^{x-b} \cdot \dfrac{l'_{x,s} + l'_{x+1,s+1}}{2}}{(1+g_{y2})^{(x-a)}} \left. \right] -$$

$$\sum_{s=1}^{n} (1+r)^{n-s} \cdot \left[C_r \cdot \overline{W_{a,1}} \cdot (1+g_{y2})^{s-1} \cdot \sum_{x=a}^{b-1} (1+g_{y1})^{x-a} \cdot \right.$$

$$\left. \frac{l_{x,s} + l_{x+1,s+1}}{2} \right] \tag{7-10}$$

第三节　模型应用

一、参数设定

(1)目标区间设定为 2020 年到 2050 年。

(2)养老金投资收益率与企业职工基本养老保险相同。

（3）根据方案，机关事业单位养老保险缴费率为单位缴纳20%，个人缴纳8%。本书沿用这一设计，将缴费率设为28%。

（4）根据《中国人才资源统计报告》，我国有公务员7209248人，事业单位工作人员33809307人，机关事业单位共有工作人员41018555人。按照2012年的统计数据得到机关事业单位工作人员年龄分组如表7-2所示。

表7-2 机关事业单位工作人员年龄分组情况

年龄组	人数	占比
35岁及以下	14497701	0.353443
36—40岁	7496615	0.182762
41—45岁	7029319	0.171369
46—50岁	6536229	0.159348
51—54岁	2962109	0.072214
55岁及以上	2496582	0.060865
合计	41018555	1

（5）2013年国有单位就业人员平均工资为52657元，近十年国有单位就业人员平均工资年均增长率为12.34%，参考国有单位就业人员平均年龄38岁，本书把平均工资记为38岁机关事业单位工作人员的工资水平，设定年均工资增长率为12.34%，其中个人因素引起的工资增长率为3%、社会因素引起的工资增长率为9.34%。

（6）根据公务员及事业单位工作人员学历分布情况，以6岁入学为起点，且假设在完成最高学历之后当年就参加工作，加权平均得机关事业单位工作人员就业年龄为21岁。

（7）根据对机关事业单位男女比例进行的加权平均，设定机关事业单位男女平均退休年龄为57岁。

（8）2010 年第六次全国人口普查显示我国国民平均预期寿命为 74.83 岁,考虑到机关事业单位工作稳定、经济条件较好,本书设定机关事业单位职工生存年限为 90 岁。

（9）为保持机关事业单位改革的稳定性,同时考虑不拉大现有与企业职工养老金替代率的差距,参考国务院颁布的《关于机关事业单位离退休人员计发离退休费等问题的实施办法》,将机关事业单位养老金平均替代率取 80%。

（10）参照企业职工养老金调整率设定机关事业单位养老金调整率。

二、测算结果

根据参数设定的结果及式(7-10),计算得到表 7-3。

表 7-3　2020—2050 年机关事业单位工作人员养老保险养老金缺口

单位:亿元

年份	基金收支缺口	年份	基金收支缺口	年份	基金收支缺口
2020	−1398.13	2031	1492.99	2042	18649.30
2021	−1471.50	2032	2351.23	2043	21470.80
2022	−1529.01	2033	3325.31	2044	24601.90
2023	−1587.17	2034	4427.47	2045	28072.60
2024	−1645.78	2035	5585.85	2046	31915.50
2025	−1704.60	2036	6888.07	2047	36166.30
2026	−1418.79	2037	8348.86	2048	40863.80
2027	−990.65	2038	9984.30	2049	46050.20
2028	−493.50	2039	11812.00	2050	51771.60
2029	80.37	2040	13851.00		
2030	739.44	2041	16122.50		

根据表 7-3,得到图 7-1。

图 7-1 的测算结果显示,2020—2028 年,我国事业单位工作人员养老保

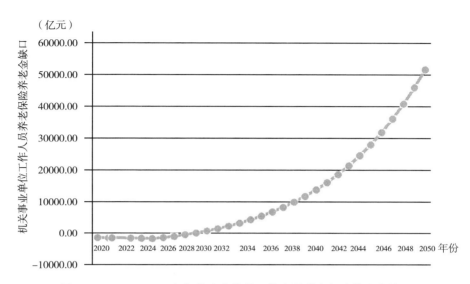

图7-1　2020—2050年机关事业单位工作人员养老保险养老金缺口

险制度不存在基金收支缺口,反倒有所结余,结余总量可以达到1.22万亿元,如果从建立机关事业单位工作人员养老保险的起始年份2014年算起,结余总量可达到1.95万亿元。这是因为机关事业单位的退休人员可以选择领取养老金或退休金,而选择领取退休金的比例较大;此外,机关事业单位工作人员养老保险的隐性债务由政府财政负担,不需要从养老金中支付。

但是,从2029年开始,机关事业单位工作人员养老保险基金收支缺口快速上升,从2029年的80.37亿元增长到2050年的5.18万亿元,年均增长率达到36%。造成这一现象的原因是,在现行的机关事业单位工作人员年龄结构下,抚养比较低,因此短期内不会出现基金收支缺口;但是,2029年之后,将会出现事业单位工作人员退休高潮,再加上机关事业单位工作人员工资水平增长速度较快,使得机关事业单位工作人员养老保险基金收支缺口快速上升。

第八章　制度整合背景下的养老金缺口及财政可持续性判断

第一节　整合后养老金缺口测算

一、2020—2035 年养老金缺口

依据我国养老金制度进一步整合的思路设定,2020—2035 年,我国实行的机关事业单位退休金制度、机关事业单位工作人员养老保险制度合并到企业职工基本养老保险制度之中,形成职工基本养老保险制度,城乡居民基本养老保险制度框架保持不变,改称居民基本养老保险制度。在这样的背景下,居民基本养老保险保持制度框架和参数设定不变,养老金缺口数额也不发生变化;职工基本养老保险的参保人是机关事业单位工作人员养老保险以及企业职工基本养老保险参保人的叠加,其他参数设定沿用企业职工基本养老保险的参数设定结果。由此计算得到 2020—2035 年我国养老金缺口,见表 8-1。

表 8-1　2020—2035 年基本养老保险基金收支缺口

单位:亿元

年份	职工基本养老保险 基金收支缺口	城乡居民基本养老保险 基金收支缺口	养老金缺口总额
2020	3547. 86	2086. 56	5634. 42

续表

年份	职工基本养老保险基金收支缺口	城乡居民基本养老保险基金收支缺口	养老金缺口总额
2021	4313.99	2252.17	6566.16
2022	5080.74	2526.49	7607.23
2023	5969.84	2928.52	8898.36
2024	7523.39	3303.56	10826.95
2025	9331.35	3734.40	13065.75
2026	11859.52	4217.46	16076.98
2027	14776.92	4700.53	19477.45
2028	17978.47	5324.10	23302.57
2029	23064.65	6004.50	29069.15
2030	26440.34	6810.57	33250.91
2031	30376.47	7618.74	37995.21
2032	32248.75	8487.46	40736.21
2033	33440.65	9382.85	42823.5
2034	36242.21	10321.42	46563.63
2035	38158.63	11246.54	49405.17

由表 8-1 可得图 8-1。

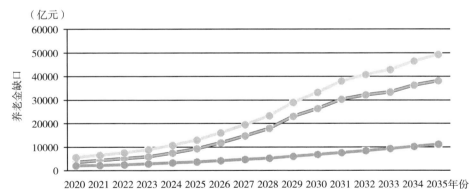

图 8-1　2020—2035 年基本养老保险基金收支缺口

2020—2035 年,当企业职工基本养老保险和机关事业单位工作人员养老保险制度并轨时,由于在 2028 年之前机关事业单位工作人员养老保险都有一定的结余,因此 2028 年之前,职工基本养老保险基金收支缺口实际数额低于企业职工基本养老保险基金收支缺口;2028 年之后,职工基本养老保险基金收支缺口快速上升。从 2020—2035 年我国养老金缺口总额的发展趋势来看,总体呈递增趋势,从 2020 年的 5634.42 亿元增长到 2035 年的 4.94 万亿元,年均递增 15.57%。

二、2036—2050 年养老金缺口

依据我国养老金制度进一步整合的思路设定,2036—2050 年,我国将推进职工基本养老保险和居民基本养老保险合二为一,称为基本养老保险。基本养老保险的总体制度框架的确定参照城乡居民基本养老保险制度,但同时要保持职工养老金待遇不降低。本书参照城乡居民基本养老保险基金收支缺口的测算思路,计算得到 2036—2050 年基本养老保险基金收支缺口,见表 8-2。

表 8-2　2036—2050 年基本养老保险基金收支缺口

单位:亿元

年份	基金收支缺口
2036	33572.43
2037	37232.23
2038	39900.54
2039	43490.64
2040	45800.07
2041	48592.51
2042	57826.58
2043	61474.21
2044	65522.64
2045	71667.77
2046	82885.64

年份	基金收支缺口
2047	94160.44
2048	107090.33
2049	122492.28
2050	130316.89

依据表8-2,绘制2036—2050年基本养老保险基金收支缺口趋势图,得到图8-2。

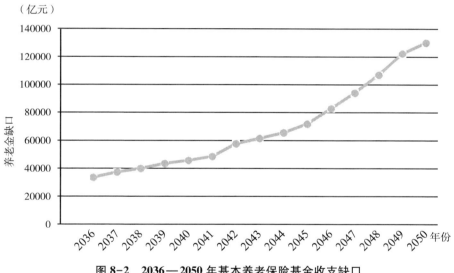

图8-2　2036—2050年基本养老保险基金收支缺口

由表8-2和图8-2可知,如果2036年改变基本养老保险制度的结构,并实行以城乡居民基本养老保险制度框架为依据的基本养老保险制度,养老金缺口将呈现增势放缓的态势。基本养老金缺口将从2036年的3.36万亿元增长到2050年的13.03万亿元,年均增长率为10.17%。需要指出的是,在这一时期,由于职工也加入了按档次缴费的基本养老保险制度中,他们也会像当前城乡居民一样,倾向于选择相对于自己的缴费能力较低的缴费档次,在一定程度上会影响他们的养老金待遇,因此呈现出初期减缓、长期放大基本养老保险基金的收支缺口。由于本书研究的侧重点在于判断基本养老保险制度的财政可持续性,如果在本书测算的结果下,具备财政可持续性,那么实际运行中,基本养老保险制度的财政可持续性将更强。

第二节　整合后养老金财政可持续性判断

一、基本养老保险基金财政可持续性判断方法

我国基本养老保险采取个人、单位或集体、国家三方共担的模式筹集资金,其中个人账户实行完全积累制,而统筹账户实行现收现付制。基本养老保险基金缺口出现的原因是:第一,个人账户基金实行完全积累制,不具备互济功能,是基金积累的主要组成部分,但当参保人开始领取养老金时点的余命超过 139 个月时,会出现个人账户超支额;第二,社会统筹账户基金实行现收现付制,基金收入大于、小于、等于基金支出的情况都可能出现;第三,由于需要支付"老人"和"中人"视同缴费年限所对应的养老金,从基金收支关系来看,这是制度转轨成本,将长期存在。基本养老保险基金缺口是个人账户超支额、社会统筹账户基金收支缺口和制度转轨成本之和。

根据《中华人民共和国社会保险法》,政府在基本养老保险制度中承担兜底的责任,即基本养老保险基金收支缺口由政府财政承担。由于财政收入是有限的,政府对于基本养老保险的财政保障能力是有限的,超过政府财政保障能力的基本养老保险基金缺口将无法得到弥补。因此,养老金制度并轨背景下,基本养老保险基金收支缺口小于或等于政府财政保障能力时,基本养老保险制度具有财政可持续性;基本养老保险基金收支缺口大于政府财政保障能力时,基本养老保险制度不具有财政可持续性。分析框架见图8-3。

基本养老保险制度财政补贴是政府财政支出的重要内容,但不是唯一内

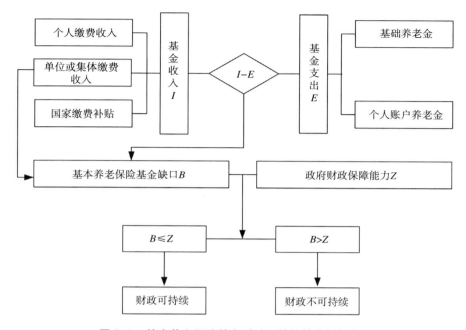

图 8-3　基本养老保险基金财政可持续性分析框架

容,因此,应当确定基本养老保险制度财政可持续性的评价指标,并作为基本养老保险制度财政支付的硬性约束条件。

　　本书把当期基本养老保险基金收支缺口占当年全国公共财政收入的比例界定为基本养老保险财政负担系数,用以判断基本养老保险制度的财政可持续性。基本养老保险财政负担系数的合理区间确定原则是要与目标区间的经济发展水平、社会进步程度、人口结构相协调。同时,在评价基本养老保险财政负担系数时,也要与其他国家的社会保障支出水平相比较。

二、基本养老保险财政负担系数测算

(一)全国公共财政收入水平测算

　　相关研究文献比较一致的做法,是把总税收、国内生产总值、社会消费品零售总额、全社会固定资产投资总额、进出口总额、就业人数作为影响全国公共财政收入的基本因素。[1][2] 由于总税收是全国公共财政收入的主体,与全国公共财政收入的变动趋势基本一致,本书把影响全国公共财政收入(Y)的因素设定为:国内生产总值(X_1)、社会消费品零售总额(X_2)、全社会固定资产投资总额(X_3)、进出口总额(X_4)、就业人数(X_5)。

由此,我们有:

$$Y = \beta_1 X_1 + \beta_2 X_2 + \beta_3 X_3 + \beta_4 X_4 + \beta_5 X_5 + \omega \qquad (8-1)$$

其中:ω ——常数项。

根据《中国统计年鉴 2019》中 2010—2018 年全国公共财政收入、国内生产总值、社会消费品零售总额、全社会固定资产投资总额、进出口总额、就业人数等数据,运用最小二乘法对 β_1、β_2、β_3、β_4、β_5 进行参数估计,得:

$$Y = 0.198 X_1 + 0.075 X_2 + 0.024 X_3 + 0.021 X_4 - 1.864 X_5 + 124917.009$$
$$(8-2)$$

$R^2 = 99.90\%$

在预测期内 X_1、X_2、X_3、X_4、X_5 是不断发生变化的。依据斯托克应用经济计量模型预测经济变量的方法[3],我们假设根据经验数据得到的表示 X_1、X_2、X_3、X_4、X_5 与 Y 之间关系的 β_1、β_2、β_3、β_4、β_5 在预测期内保持不变。

假设 2020—2035 年,我国经济增势保持不变,按照式(8-2)计算得到 2020—2035 年的全国公共财政收入;2036—2050 年,参照相关研究对这一时间段 GDP 增速的预测结果[4],假定全国公共财政收入按照 3.28% 的增速增长。计算得到表 8-3。

---

① 周忠辉、丁建勋、王丽丽:《我国财政收入影响因素的实证研究》,《当代经济》2011 年第 8 期。

② 张明艳:《河北省财政收入影响因素分析》,《金融教学与研究》2012 年第 2 期。

③ 斯托克:《计量经济学》,格致出版社 2012 年版,第 54 页。

④ 白重恩、张琼:《中国经济增长潜力预测:兼顾跨国生产率收敛与中国劳动力特征的供给侧分析》,《经济学报》2017 年第 4 期。

表 8-3　2020—2050 年全国公共财政收入预测结果

单位:亿元

年份	全国公共财政收入
2020	209454.62
2021	221370.47
2022	233286.32
2023	245202.16
2024	257118.01
2025	269033.85
2026	280949.70
2027	292865.55
2028	304781.39
2029	316697.24
2030	328613.08
2031	340528.93
2032	352444.78
2033	364360.62
2034	376276.47
2035	388192.31
2036	400925.02
2037	414075.36
2038	427657.03
2039	441684.18
2040	456171.43
2041	471133.85
2042	486587.04
2043	502547.09
2044	519030.64
2045	536054.84
2046	553637.44
2047	571796.75
2048	590551.68

续表

年份	全国公共财政收入
2049	609921.78
2050	629927.21

表 8-3 显示,我国公共财政收入将从 2020 年的 20.95 万亿元增长到 2050 年的 62.99 万亿元。由于 2020—2050 年我国公共财政收入具有很大的不确定性,本书所作出的预测结果仅能够反映未来公共财政收入的发展态势,但这不影响揭示基本养老保险基金收支缺口的财政压力。

(二)基本养老保险财政负担系数测算

根据表 8-1、表 8-2、表 8-3,计算得到图 8-4。

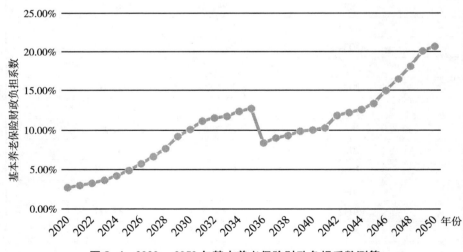

图 8-4 2020—2050 年基本养老保险财政负担系数测算

由图 8-4 可知,2020—2050 年,我国基本养老保险财政负担系数所在区间为 2.69%—20.69%,平均值为 10.25%;总体呈递增趋势,年均增长率为 7.04%。

2020—2035 年,我国基本养老保险基金财政负担系数所在区间为 2.69%—12.73%,平均值为 7.53%。参照美国、欧盟各成员国社会保障支出占财政收入的比例约为 20%—30%,其中用于养老金支出的比例为 37.1%—65.7%①,即使按照最低额,这些国家养老金财政负担系数也达到 7.42%。由此,本书判断,2035 年之前,我国实行养老金制度并轨后,基本养老保险基金收支缺口保持在全国公共财政收入承受能力之内。

2036—2050 年,我国人口老龄化高峰到来、全国公共财政收入的不确定性、以城乡居民基本养老保险为蓝本的基本养老保险制度并轨的完成,将引发基本养老保险基金收支缺口快速扩大,届时,基本养老保险财政负担系数所在区间为 8.37%—20.69%,平均值为 13.15%,最大值超过西方国家养老金财政负担系数。综合考虑,本书判断,这一时间段基本养老保险基金不具有财政可持续性。但如果具备下列条件之一,则基本养老保险基金具有财政可持续性:

(1)由于 2036—2050 年基本养老保险基金收支缺口增长率达到 10.17%,此时只要全国公共财政收入增长率达到或超过 10.17%,那么基本养老保险基金就具有财政可持续性。

(2)实现基本养老保险国家统筹,按照 2036—2050 年基本养老保险基金收支缺口平均值建立财政转移支付专户,用以补足基本养老保险基金收支缺口。

(3)国家将战略性社会保障储备基金用以弥补基本养老保险基金收支缺口,缓解财政支付的压力。

---

① 陈庆海、徐月英:《中西社会保障支出比较及思考》,《学术交流》2003 年第 2 期。

第九章 缓解基本养老保险养老金缺口的对策建议

第一节 专家意见征询结果分析

一、征询过程

本报告采用专家意见征询法,在对养老金相关管理部门和高校专家进行访谈基础上,2017年4月20日—5月15日,选取14名人力资源和社会保障部门、高等院校的专家、学者进行了两轮Delphi法征求专家意见,按照标准程序对调查结果进行了处理,得出我国可以采取的基本养老保险基金缺口缓解对策。调查流程见图9-1,被访谈者的基本情况见表9-1。

表9-1 咨询专家的基本情况

特征		人数	占比
性别	男	9	64.29%
	女	5	35.71%
年龄	30—40岁	4	28.57%
	41—50岁	8	57.14%
	50岁以上	3	21.43%

续表

特征		人数	占比
文化程度	大专	1	7.14%
	本科	5	35.71%
	研究生及以上	8	57.14%
职位	厅局级	3	21.43%
	处级	5	35.71%
	科级	6	42.86%
工作年限	0—10 年	5	35.71%
	10—20 年	7	50.00%
	20 年以上	3	21.43%

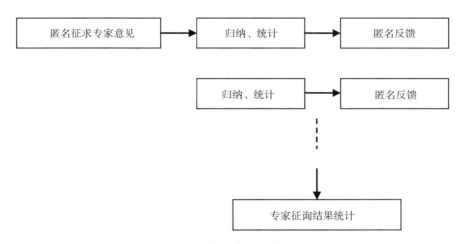

图 9-1　专家意见征询程序

在对调查结果进行分析时,依据专家对各选项的选择权重,对备选答案进行排序。权重的计算方法是:

$$W_i = \frac{X_i}{\sum_{i=1}^{m} X_i} \qquad (9-1)$$

式中：W_i——各题项影响程度的权重；X_i——题项的均值。

二、征询结果

依据 Delphi 法的标准程序，本书对第二轮征求意见的结果列表如表 9-2 所示。

表 9-2　养老金缺口缓解对策专家意见征询结果

缓解养老金缺口对策	回答人数	重要程度		熟悉程度		权重
		均值	标准差	均值	标准差	
1. 建成全人群统一的养老金制度	14	4.39	0.78	2.55	0.49	0.07760
2. 实现养老金制度全国统筹	14	4.20	0.70	2.59	0.48	0.07424
3. 提高养老金缴费率或缴费档次	14	3.82	1.20	2.61	0.47	0.06753
4. 延迟退休年龄	14	4.37	0.65	2.81	0.31	0.07725
5. 增强养老保险基金保值增值能力	14	3.88	1.09	2.48	0.61	0.06859
6. 划拨国有资本充实养老保险基金	14	4.31	0.86	2.43	0.61	0.07619
7. 全国社保基金充实养老保险基金	14	4.01	1.15	2.61	0.47	0.07089
8. 提高最低缴费年限	14	4.09	0.25	2.78	0.12	0.07230
9. 增加政府财政投入	14	4.14	0.93	2.52	0.61	0.07318
10. 扩大养老保险实际覆盖面	14	3.88	1.46	2.48	0.61	0.06859
11. 加强养老金制度精算管理	14	4.16	0.96	2.48	0.49	0.07354
12. 改革养老金计发办法	14	4.14	0.78	2.40	0.50	0.07318
13. 完善养老金调整机制	14	3.62	1.18	2.45	0.62	0.06399
14. 发行养老金债券	14	3.56	1.14	2.20	0.68	0.06293

从调查结果来看，专家较为一致的看法是缓解养老金缺口可以从制度改革、参数调整、外来资金注入等方面着手；专家对经过两轮意见征询而确定的 14 条对策建议均持肯定态度，得分最低的对策建议均值也在 3.56 分，占满分

5分的71.2%。依据专家意见征询结果,按照各选项权重,得到缓解养老金缺口的对策建议排序如下:

(1)建成全人群统一的养老金制度;

(2)延迟退休年龄;

(3)划拨国有资本充实养老保险基金;

(4)实现养老金制度全国统筹;

(5)加强养老金制度精算管理;

(6)增加政府财政投入;

(7)改革养老金计发办法;

(8)提高最低缴费年限;

(9)全国社保基金充实养老保险基金;

(10)增强养老保险基金保值增值能力;

(11)扩大养老保险实际覆盖面;

(12)提高养老金缴费率或缴费档次;

(13)完善养老金调整机制;

(14)发行养老金债券。

根据社会保障制度演进阶段特征,以及国际社会保障发展事实,完全规避养老金缺口在国际上尚无成功案例,本书提出的对策建议旨在缓解养老金缺口压力,将养老金缺口控制在财政可以兜底的范围内。参照专家意见,本书按照开源节流的总体思路,提出养老金制度的制度改革和参数优化建议,以缓解养老金缺口的财政压力。

第二节　推进基本养老保险制度顶层设计

一、完善基本养老保险制度的法制建设

一是进一步修订《中华人民共和国社会保险法》,切实要求全体公民参加

基本养老保险制度,明确基本养老保险制度的建设目标、管理层次、行政主体和保障机制。二是制定《基本养老保险制度中长期发展规划》,把基本养老保险制度2020—2035年和2036—2050年的顶层设计方案写入规划中,并明确规划实施的具体分工和步骤。三是尽快实现三种基本养老保险制度全部由人力资源和社会保障部统筹管理,统一制度政策、统一缴费标准、统一支付项目、统一计发办法、统一管理规程。

二、实质性实施机关事业单位养老保险改革

以企业职工基本养老保险制度作为样板,使企业职工基本养老保险的覆盖范围扩大到机关事业单位的工作人员,实行社会统筹与个人账户相结合,由单位和个人共同负担养老保险费;退休待遇与缴费相联系,建立基本养老金过渡性调整政策;建立机关事业单位职业年金制度,作为基本养老保险的补充,体现机关事业单位工作人员的职业优势和既得利益。

建议机关事业单位养老保险制度与企业职工基本养老保险制度真正实现基金统一管理。鉴于机关事业单位养老保险制度在实施初期有一定的积累,与企业职工基本养老保险制度合账运行,有利于缓解职工基本养老保险制度的基金缺口压力。

三、逐步推进基本养老保险费改税

在实现基本养老保险制度全国统一、全人群统一的前提下,全面推进基本养老保险费改税,既能保证国家财政养老金支出资金来源的稳定性,又能避免养老保险逃费、漏费、避费现象。同时,税收具有强制性、固定性、无偿性,基本养老保险费改以税收的方式征收,可以做实养老保险基金收入的缴费基数,按照参保人的个人所得在特定的养老保险税税率下征收,能够得到稳定的基金收入。

建议在2036年之前,不把城乡居民纳入基本养老保险税征税对象;

2036—2050年,在基本养老保险制度建立后,面向全体公民,实施并推行养老保险税。养老保险税主要用于支付基础养老金及养老金缺口所需资金。

四、提高基本养老保险管理层次

目前,我国城乡居民基本养老保险制度在部分地区仍实行县级管理,企业职工基本养老保险制度、机关事业单位工作人员养老保险制度实行省级管理。较低的管理层次带来的弊端是社会养老保险基金的规模较小、地区间调剂不畅、抗风险能力差、阻碍劳动力正常流动。建议尽快实现基本养老保险基金的全国统一管理,提高统筹层次,通过逐步提高企业职工、城乡居民各类社会养老保险的管理层次至国家统筹,完善企业职工、城乡居民个人账户资金的关系转续办法,能够在一定程度上实现城乡居民、企业职工之间,不同地区之间基本养老保险基金收支不平衡的相互协调机制。

在实现社会养老保险国家层面统筹管理的基础上,建议逐步提高中央调剂基金比例,增加中央调剂基金的来源渠道。除各省份按照特定比例上缴中央调剂基金,建议把全国社会保障基金利息收入,以及企业职工基本养老保险、机关事业单位工作人员养老保险基金的结余部分也纳入中央调剂金管理。此基金建议同样委托全国社会保障基金理事会投资运营,用以弥补养老金缺口。

五、发展补充性养老保险制度

为了缓解职工和居民对基本养老保险养老金待遇水平的高期望压力,建议发展补充性养老保险制度,用以提升参保人的总体养老金水平。建议充分发展企业年金、职业年金、商业保险,构建多层次养老保险体系。同时,发展补充养老保险制度必须进一步加大税收优惠政策的力度,鼓励用人单位为劳动者建立企业年金、职业年金;通过各种优惠政策,鼓励商业保险公司建立不同层次、适合不同群体的商业性养老保险;引导和鼓励个人参加补充性养老保险。

第三节　优化基本养老保险制度主要参数

一、渐进式延迟健康老年人才退休年龄

党的十八届三中全会通过的《中共中央关于全面深化改革若干重大问题的决定》提出了"研究制定渐进式延迟退休年龄政策"的任务。本书认为,渐进式延迟退休年龄政策,可以率先在健康老年人才中实行。

健康老年人才梯度式退休年龄是指,以 18 岁参加工作、60 岁退休劳动者的 42 年工作年限为参照,本科学历的健康老年人才 64 岁退休;研究生学历硕士学位的健康老年人才 67 岁退休;研究生学历博士学位的健康老年人才 71 岁退休。对于工作后再入学或通过在职学习获得本科及以上学历的健康老年人才,实际工作年限累计满 42 年即可退休。

实行梯度式退休年龄,男女统一,不分性别。一是因为女性平均寿命一般高于男性平均寿命,2010 年,我国人口平均预期寿命男性 72.38 岁、女性 77.37 岁。二是因为本科及以上学历的人才,自参加工作以来主要从事的是脑力劳动,因而男女健康老人之间的思维能力、工作能力差异不大。

依据健康老年人才的身体特点、职业特长、工作需要等,为其安排能够更好发挥作用的工作岗位。

实行梯度式健康老年人才退休年龄标准后,若延迟退休的老年人才个人或家庭状况发生变化,符合以下条件者,经本人申请,相关部门批准后,随时可以办理退休手续。(1)因工致残,丧失工作能力的;(2)因病或其他原因丧失工作能力的;(3)因家庭成员有特殊照料需要,不具备继续工作条件的。

构建具有激励功能的健康老年人才基础养老金调整机制。具有激励功能的基础养老金调整机制是指,把健康老年人才退休后的养老金待遇与其工作年限挂钩的养老金计发办法。即年满 60 周岁仍然继续工作的健康老年人才,

每延迟退休一年增加2%的由社会统筹基金支付的基础养老金。

渐进式延迟退休年龄在健康老年人才群体施行后,根据施行情况,可以扩大至全体老年人口中。

二、优化养老金计发月数

养老金计发月数是一个按照不同年龄计算出的基准数值,计算的依据是人的平均预期寿命。养老金计发月数与参保人预期寿命、平均余命相关,从平均水平来看,当退休人员去世时,个人账户余额正好发放完毕,达到账户基金精算自平衡。

根据人口学的相关理论,e_x ——生命期望值,又称余命,即表示 x 岁人的期望寿命。如果假设死亡人数在每个年龄区间上均匀分布,则 b 岁人口平均余命为[①]:

$$e_b = \frac{1}{l_b}(l_{b+1} + l_{b+2} + \cdots + l_{w-1}) + \frac{1}{2} = \frac{1}{l_b} \cdot \sum_{t=0}^{w-1} \left[\left(t + \frac{1}{2} \right) \cdot d_{b+t} \right] \quad (9-2)$$

则计发月数为:

$$n = e_b \times 12 \quad\quad\quad\quad\quad\quad (9-3)$$

按照国家卫健委的统计数据,2018 年 60 周岁老年人的养老金计发月数应该为 204 个月,比现行规定的 139 个月增加了 65 个月。本书建议参考实际应当设定的计发月数适当调整现行计发月数。计发月数的增加一方面会减少养老金的月计发数额,另一方面也会减少个人账户超支额,对养老金缺口调整具有双向的缓解作用。

但是,计发月数的提升必然会带来平均养老金水平的降低,因此应当审慎选择这一策略。

---

① 范克新:《保险精算学教程》,南京大学出版社 2000 年版,第 1—14 页。

三、加强养老保险基金精算管理

一是全员参保、对应参保。当前,我国基本养老保险全员参保计划执行顺利,截至 2018 年底,已经有 94293 万人参加基本养老保险,全年基本养老保险基金总收入 55005 亿元,基金总支出 47550 亿元。根据调查资料,我国基本养老保险参保率达到 90% 以上,问题是农民工群体参加企业职工基本养老保险的比例不足 30%,大多数选择参加城乡居民基本养老保险制度,这严重影响了基本养老保险基金收入。加强养老保险基金精算管理首要的工作是让参保人参加到对应的基本养老保险制度中。

二是健全养老金待遇正常调整机制。养老金调整既要考虑经济发展、人们生活水平提高等因素,也应当考虑养老保险基金收支平衡问题。养老金待遇的正常调整,应当在统筹考虑职工或居民收入增长、物价变动和经济增长水平等指标调整情况下,进行与个人缴费水平、养老保险基金保值增值水平、政府财政补贴水平等相适应的调整。

三是健全养老金待遇多缴多得机制。当前,基本养老保险中的基础和基本养老金实行的是长缴多得机制,与多缴多得无关。多缴多得主要体现在个人账户养老金的发放上,特别是体现在超过养老金计发月数之后的个人账户养老金待遇发放水平上。建议在发放基本养老保险的基本和基础养老金时,引入多缴多得机制,对于缴费水平较高的参保人予以适当的基本和基础养老金激励。

第四节　拓宽基本养老保险基金筹资渠道

一、划转国有资本充实养老保险基金

2017 年 11 月,《国务院关于印发划转部分国有资本充实社保基金实施方

案的通知》，提出了弥补企业职工基本养老保险制度转轨时期因企业职工享受视同缴费年限政策形成的企业职工基本养老保险基金缺口的基本目标，划转比例统一为企业国有股权的10%。建议将这部分资金充实到养老保险基金中，以增加基本养老保险基金收入。建议切实做好划转国有资本充实社会养老保险基金的工作，同时根据每年测算的基本养老保险基金收支缺口，有计划地提升划拨国有股权的比例。还可以尝试把国有企业上缴利润的10%也划转到社保基金中，充实基本养老保险基金。

二、划转全国社保基金充实养老保险基金

全国社保基金是社会保障的国家储备基金，由中央财政预算拨款、国有资本划转、基金投资收益，以及国务院批准的其他方式筹集的资金等构成，专门用于人口老龄化高峰时期的养老保险等社会保障支出的补充、调剂，由全国社会保障基金理事会负责管理运营。根据测算结果，我国基本养老保险基金已经开始出现基金收支缺口，特别是从2024年起，基本养老保险基金收支缺口将达到1万亿元以上。建议自2024年起启动全国社保基金的战略储备功能，将部分全国社保基金有计划地划拨至基本养老保险基金中，以缓解财政兜底的压力。

三、划转部分财政收入充实养老保险基金

在我国，政府承担着养老金的兜底责任。无论是省级还是全国统筹期间，只要出现基本养老保险基金收支缺口，首要的是确保老年人的养老金水平不受影响，这样财政就要承担起养老金缺口的弥补责任。建议将各级政府年度财政收支之后的结余部分，有计划地划转部分至基本养老保险基金账户，以增加基本养老保险基金收入数额；将预算外财政收入或临时性财政收入划拨至基本养老保险基金，提升基本养老保险基金在抵御人口老龄化风险上的能力。

第五节　培育基本养老保险基金
保值增值运营体系

一、大额协议存款方式确定存款利率

通过大额协议存款方式确定与通货膨胀率基本持平的基本养老保险基金存款利率。虽然基本养老保险基金单个账户的存款额度有限,但是从宏观角度来看,基本养老保险基金管理者面对的是庞大的基本养老保险基金总额积累。因此,需要国家有关部门协商,以基本养老保险基金整体作为一个投资单位商定协议存款利率,以等于或高于通货膨胀率的利率水平从而实现基本养老保险基金的保值甚至增值。

二、发行特种定向国债

由国家发行特种定向基本养老保险国债,具体利率可根据通胀率的高低确定。根据近年来约3%的通货膨胀率将基本养老保险国债利率定为4%左右,从而将基本养老保险基金的利息损失降到最小,并力争实现基本养老保险基金的增值。此项举措既能保证巨额的基本养老保险基金的保值增值,又能提高政府融资水平,为中国经济的发展作出贡献。

三、委托全国社保基金理事会进行基金投资运营

委托全国社会保障基金理事会对基本养老保险基金积累进行投资运营。基本养老保险基金的运营有两种模式:一是纳入全国社保基金管理范畴,通过委托代理的形式交由全国社保基金理事会代为运营;二是基本养老保险基金独立运营。全国社会保障基金理事会已经建立了一套相对行之有效的管理体制,基金自成立以来年均投资收益率为9.75%,也积累了丰富的投资经验和

基金管理经验。建议将基本养老保险基金通过委托代理的方式交由全国社保基金理事会代为管理和运营,从而达到基本养老保险基金的增值目的,实现降低各级政府财政压力、不断提高养老保险水平的目标。

四、建立相互制衡的基金运营体制

建立相互制衡的基本养老保险基金运营管理体制。应明晰基本养老保险基金的个人产权性质,从而为建立个人账户基金委托代理关系,选择专业基金公司进行基本养老保险基金的投资运营奠定基础。建立在信托和委托代理模式下的现代公司法人治理结构,这是基本养老保险基金运营体制设计的依据和目标,具体结构可以参照全国社保基金理事会的设置。

建立运行顺畅的基本养老保险基金运营机制。在法律约束框架下的多方利益协调统一及责权利互相制衡和监督的具有激励和约束功能的运行机制下,在充分发挥基本养老保险基金投资运营的相关机构和个人的积极性、创造性的同时,能够有效遏制委托代理关系中的信息不对称所引发的代理人"偷懒"行为及道德风险。在具体资产配置上,加快开放多元化基金投资渠道的步伐,既可投资财政部发行的特种定向社保债券;又有相对投资收益高、并且安全性强的国家投资项目的优先投资权,还可在高风险、高收益的资本市场(尤其是股票市场)有一定比例的投资,从而确保基本养老保险基金的保值和增值。

第十章 结 论

长期以来,我国实行的是养老金"多轨制"的退休制度,导致不同人群养老金待遇差距过大。养老金制度整合和体系完善是解决养老金待遇差距过大问题的主要手段。但是,现行社会养老保险制度面临着严峻的基金收支缺口考验:制度整合后,基本养老保险基金是否具备财政可持续性,是制定基本养老保险制度顶层设计方案亟待研究的问题。

本书在对相关概念和理论进行梳理的基础上,分析我国养老金制度整合与完善历程、现状及未来趋势,通过精算建模法构建企业职工基本养老保险、城乡居民基本养老保险、机关事业单位工作人员养老保险基金收支缺口精算模型,运用 Matlab 求解精算模型,开展实证研究。以此为基础,按照 2020—2035 年、2036—2050 年两个阶段的基本养老保险制度整合方案,测算制度整合后我国面临的基本养老保险养老金缺口,判断这一养老金缺口的财政可持续性。进而在征求专家意见基础上,从推进基本养老保险制度顶层设计、优化基本养老保险制度主要参数、拓宽基本养老保险基金保值增值运营体系等方面,提出缓解基本养老保险养老金缺口的对策建议。主要研究结论是:

第一,我国养老金制度经历了国家保障、市场转轨、创新发展三个发展阶段,党的十八大以来通过制度整合、层次提高、变革参数、保值增值等举措对养老金制度进行整合和完善,但当前仍存在"两轨"和"三种"养老金制度。

第二,我国养老金制度进一步整合的价值取向是公平,基本方案是:到2035年,把现行基本养老保险制度合并成为职工基本养老保险和居民基本养老保险两个板块;到2050年,把两个板块的基本养老保险制度合二为一,称为"基本养老保险"。养老金刚性特征决定了制度整合和体系完善必将带来转轨成本和养老金水平的提升,再加上人口老龄化高峰的到来,以及减费降税的趋势,将导致养老金缺口继续扩大。

第三,2020—2050年,我国当期企业职工基本养老保险基金收支缺口,从2020年的4945.99亿元增长到2050年的3.49万亿元,年均递增6.73%。2020—2050年,城乡居民基本养老保险制度财政支出总额增长迅速,从2086.56亿元增长到3.37万亿元。2020—2028年,我国事业单位工作人员养老保险制度不存在基金收支缺口;从2029年开始,机关事业单位工作人员养老保险基金收支缺口快速上升,从2029年的80.37亿元增长到2050年的5.18万亿元,年均增长率达到36%。

第四,养老金制度整合背景下,基本养老保险基金收支缺口将从2020年的5634.42亿元增长到2035年的4.94万亿元,年均递增15.57%;再从2036年的3.36万亿元增长到2050年的13.03万亿元,年均增长率为10.17%。

第五,2020—2050年,我国基本养老保险财政负担系数所在区间为2.69%—20.69%,平均值为10.25%;总体呈递增趋势,年均增长率为7.04%。参照国外经验,2035年之前我国基本养老保险基金具有财政可持续性,2036—2050年不具有财政可持续性。

第六,缓解基本养老保险基金收支缺口的对策是:推进基本养老保险制度顶层设计、优化基本养老保险制度主要参数、拓宽基本养老保险基金筹资渠道、积极培育基本养老保险基金保值增值运营体系。

最后,需要加以说明的是:本书测算基本养老保险基金收支缺口采用的是总体法,这一方法的局限在于并未区分个人账户和社会统筹账户,而是从整体上判断基本养老保险基金收入和支出之间的关系,这一方法能够在我国多轨并行的养老金制度框架下,总体反映未来养老金缺口,但是不能准确估计个人账户的积累额,而这一积累额也将成为本书测算的养老金缺口的扩大因素。此外,本书是在当前养老保险政策框架下测算的养老金缺口,并未考虑养老金制度未来的发展变化,因此,本书测算的养老金缺口只是揭示了未来养老金缺口的发展态势,更加精确的数据需要依据制度参数的调整,随政策变化而及时测算评估。鉴于此,还需要针对以下问题进一步研究:一是缓解基本养老保险基金缺口对策对养老金缺口的影响程度测算研究。二是 2036—2050 年基本养老保险制度改革规划研究。

参 考 文 献

巴曙松、方堉豪、朱伟豪：《中国人口老龄化背景下的养老金缺口与对策》，《经济与管理》2018 年第 6 期。

白重恩、张琼：《中国经济增长潜力预测：兼顾跨国生产率收敛与中国劳动力特征的供给侧分析》，《经济学报》2017 年第 4 期。

边恕、胡家诗、张丽华：《中国养老金隐性债务的模型分析与偿还对策研究》，《当代经济管理》2010 年第 9 期。

蔡昉：《中国的人口红利还能持续多久》，《经济学动态》2011 年第 6 期。

曹冬梅、辜胜阻、方浪：《老龄化背景下我国养老金缺口的对策研究》，《统计与决策》2015 年第 10 期。

陈迪红、孙福伟：《中国城镇居民养老保障水平的区域差异研究——基于 2007 —2016 年区际面板数据的实证分析》，《财经理论与实践》2019 年第 3 期。

陈工、谢贞发：《解决养老保险转轨成本实现个人账户"实账"运行》，《当代财经》2002 年第 10 期。

陈庆海、徐月英：《中西社会保障支出比较及思考》，《学术交流》2003 年第 2 期。

成志刚、文敏：《新中国成立 70 周年养老金制度的历史演变与发展图景》，《湘潭大学学报（哲学社会科学版）》2019 年第 5 期。

邓大松、程欣、汪佳龙：《基础养老金全国统筹的制度性改革——基于国际经验的借鉴》，《当代经济管理》2019 年第 3 期。

邸晓东、张园：《经济增长是如何影响养老金支出的？——基于省际数据的系统 GMM 估计》，《经济体制改革》2019 年第 3 期。

丁建定、郭林：《论中国养老保险制度结构体系整合》，《武汉大学学报（哲学社会科学版）》2013 年第 6 期。

董克用、郑垚、孙玉栋：《我国社会保障体系财政负担预测研究》，《新疆师范大学学报（哲学社会科学版）》2019 年第 6 期。

封铁英、高鑫：《基于精算模型参数调整的农村养老金可持续性仿真研究》，《中国管理科学》2015 年第 9 期。

封铁英、李梦伊：《新型农村社会养老保险基金收支平衡模拟与预测——基于制度风险参数优化的视角》，《公共管理学报》2010 年第 4 期。

封铁英、牛晶晶：《中国老龄化高峰期农村养老金缺口预测研究》，《西安交通大学学报（社会科学版）》2015 年第 5 期。

冯曦明：《公平视角下的中国基本养老保险制度改革》，《中国行政管理》2010 年第 1 期。

高建伟、丁克诠：《中国基本养老保险基金缺口模型及其应用》，《系统工程理论方法应用》2006 年第 1 期。

高建伟、伊茹：《延迟退休对缩减养老保险基金缺口的贡献率测算》，《统计与决策》2018 年第 4 期。

郭少峰：《人社部专家：内地城市人口平均退休年龄 56.1 岁》，《新京报》2012 年 7 月 20 日。

韩喜平、陈茉：《党的十八大以来中国完善养老保险制度的实践探索》，《理论学刊》2019 年第 1 期。

何文炯：《中国社会保障：从快速扩展到高质量发展》，《中国人口科学》2019 年第 1 期。

侯凤妹、左坤、邹今斐：《事业单位养老保险改革的困境与出路》，《中国老年学杂志》2019 年第 16 期。

黄健明：《基本养老保险全国统筹的积极效应、挑战与实践路径》，《劳动保障世界》2019 年第 24 期。

李红艳、唐莉霞：《缴费年限对养老保险基金支付风险的影响研究》，《保险研究》2019 年第 9 期。

李琼、李湘玲：《城乡居民基本养老保险制度的巩固和完善》，《甘肃社会科学》2018 年第 5 期。

李晓芬、罗守贵：《全面二孩政策下上海城镇职工养老金财政压力测算及对策研究》，《财政研究》2018 年第 8 期。

凌文豪：《我国三类基本养老保险制度改革的理念和路径》，《社会主义研究》2017

年第 4 期。

凌文豪、孟希:《中国养老金"五支柱"模式及其未来走向》,《郑州轻工业学院学报(社会科学版)》2019 年第 10 期。

龙卓舟:《养老社会保险隐性债务不等同于转制成本》,《财经科学》2007 年第 6 期。

卢海元:《全力推进养老保险制度中国化:全面建成中国特色新型养老保险制度的构想》,《理论探讨》2014 年第 5 期。

鲁元平、王军鹏、李文健:《基本养老保险与居民再分配偏好》,《中南财经政法大学学报》2019 年第 5 期。

马骏、张晓蓉、李治国等:《化解国家资产负债中长期风险》,《财经》2012 年第 15 期。

米红、刘悦:《参数调整与结构转型:改革开放四十年农村社会养老保险发展历程及优化愿景》,《治理研究》2018 年第 6 期。

庞凤喜、贺鹏皓、张念明:《基础养老金全国统筹资金安排与财政负担分析》,《财政研究》2016 年第 12 期。

齐传钧:《养老保险降费后养老金缺口预测及中长期应对措施》,《华中科技大学学报(社会科学版)》2019 年第 3 期。

秦森、白玉光:《如何全面深化城镇职工基本养老保险制度改革》,《红旗文稿》2017 年第 23 期。

沈洁颖:《中国养老保险制度现状及未来发展路径——基于公平与效率的视角》,《金融与经济》2012 年第 6 期。

沈毅:《机关事业单位养老保险改革:现状、难点及其突破》,《经济体制改革》2016 年第 3 期。

斯托克:《计量经济学》,格致出版社 2012 年版。

苏春红、李松:《养老金支付风险预测及延迟退休作用评估——以 S 省为例》,《财政研究》2016 年第 7 期。

岁磊:《寿命延长、二胎政策与人口老龄化的经济效应》,《调研世界》2017 年第 11 期。

孙博、董克用、唐远志:《生育政策调整对基本养老金缺口的影响研究》,《人口与经济》2011 年第 2 期。

孙祁祥:《"空账"与转轨成本——中国养老保险体制改革的效应分析》,《经济研究》2001 年第 5 期。

汤晓燕:《养老金缺口问题探析》,《理论与改革》2013年第3期。

唐运舒、吴爽爽:《"全面二孩"政策实施能有效破解城镇职工养老保险基金支付危机吗——基于不同人口政策效果情景的分析》,《经济理论与经济管理》2016年第12期。

唐运舒、徐永清:《安徽省城镇职工基本养老保险运行风险研究》,《华东经济管理》2018年第10期。

唐运舒、于彪:《贫困线几种测量方法的实证比较》,《当代经济管理》2009年第5期。

汤兆云:《论我国社会养老保险制度的整合》,《社会保障研究》2014年第3期。

汤兆云:《我国社会养老保险制度的改革——基于世界银行"五支柱"模式》,《江苏社会科学》2014年第2期。

汤兆云、陈岩:《从三支柱到五支柱:中国社会养老模式的未来选择》,《广东社会科学》2015年第4期。

田凯:《当前中国农村社会养老保险的制度分析》,《社会科学辑刊》2000年第6期。

田月红、赵湘莲:《人口老龄化、延迟退休与基础养老金财务可持续性研究》,《人口与经济》2016年第1期。

佟昕:《人口老龄化背景下辽宁省养老金缺口测算》,《统计与决策》2018年第3期。

王春兰、叶尚斌:《我国城镇居民养老金缺口建模及预测》,《统计与决策》2015年第8期。

王国辉:《中国统一的最低养老保险制度实现路径、挑战和机制》,《社会保障研究》2011年第5期。

王鉴岗:《养老保险收支平衡及其影响因素分析》,《人口学刊》2000年第2期。

王立剑等:《统筹城乡的人口预测模型构建与应用——以陕西省城乡人口分年龄预测为例》,《西北人口》2009年第3期。

王晓军:《社会保障精算原理》,中国人民大学出版社2000年版。

王银梅、李静:《提高统筹层次能缓解养老保险基金缺口吗?——基于面板数据的实证检验》,《河北学刊》2018年第5期。

王增文、邓大松:《基金缺口、缴费比率与财政负担能力:基于对社会保障主体的缴费能力研究》,《中国软科学》2009年第10期。

魏臻、梁君林:《中国养老保险制度并轨资金缺口的动态模拟》,《人口与发展》

2016 年第 4 期。

席恒:《养老金函数及其政策意义》,《社会保障评论》2019 年第 2 期。

席恒、翟绍果:《从理想模式到顶层设计:中国养老保险制度改革的思考》,《武汉科技大学学报(社会科学版)》2012 年第 6 期。

肖艳:《中国养老保险制度的反思与改革》,《福建论坛(人文社会科学版)》2008 年第 7 期。

熊婧、粟芳:《延迟退休对我国养老保险收支平衡的影响》,《上海金融》2017 年第 12 期。

徐宏、商倩:《中国养老服务资金缺口测算及 PPP 破解路径研究》,《宏观经济研究》2019 年第 2 期。

许莉、万春:《我国养老保险制度的演进轨迹:1951～2008》,《改革》2008 年第 12 期。

徐文全、梁冬、岳浩永:《弹性退休年龄改革和养老金缺口的弥补:基于人力资本理论》,《市场与人口分析》2006 年第 2 期。

徐晓华:《中国基本养老保险金缺口的宏观控制》,《南开学报(哲学社会科学版)》2012 年第 5 期。

薛惠元:《基于整体法的新农保个人账户基金收支平衡模拟与预测》,《保险研究》2014 年第 2 期。

薛惠元、张微娜:《建立城乡统一的社会养老保险制度——基本理念、基本路径与制度模式》,《税务与经济》2014 年第 3 期。

杨斌、丁建定:《从城乡分立到城乡统筹:中国养老保险制度结构体系发展研究》,《社会保障研究》2014 年第 1 期。

杨燕绥、张弛:《养老金并轨促行政体制改革》,《中国行政管理》2015 年第 2 期。

尹良春:《千方百计解决好养老金缺口问题》,《天府新论》2009 年第 S1 期。

于洪、曾益:《退休年龄、生育政策与中国基本养老保险基金的可持续性》,《财经研究》2015 年第 6 期。

查瑞传:《数理人口学》,中国人民大学出版社 2004 年版。

张君良、沈君彬:《经济强县建构城乡一体化社会保障体系的路径探析——基于福建晋江的个案研究》,《东南学术》2010 年第 1 期。

张明艳:《河北省财政收入影响因素分析》,《金融教学与研究》2012 年第 2 期。

张思锋、李敏:《中国特色社会养老保险制度:初心、改革、再出发》,《西安交通大学学报(社会科学版)》2018 年第 6 期。

张思锋、王立剑、唐远志:《人口高龄化背景下基本养老保险个人账户未来超支测算》,《西安交通大学学报(社会科学版)》2009 年第 5 期。

张思锋、雍岚:《分配结果公平性的判断、分析与推论》,《西安交通大学学报(社会科学版)》2013 年第 1 期。

张思锋、雍岚、封铁英:《社会保障精算理论与应用》,人民出版社 2006 年版。

张思锋、张冬敏、雍岚:《引入省际人口迁移因素的基本养老保险基金收支测算——以陕西为例》,《西安交通大学学报(社会科学版)》2007 年第 2 期。

张迎斌、刘志新、柏满迎:《我国基本养老金隐性债务变化趋势分析——基于改进精算测算模型的实证研究》,《中国管理科学》2013 年第 5 期。

赵殿国:《建立新型农村社会养老保险制度》,《中国金融》2007 年第 6 期。

赵凌岚、尧金仁:《以公平的价值取向推进我国养老保险改革与制度建设》,《湖北社会科学》2010 年第 11 期。

赵志刚:《中国公共养老保险制度的基础整合》,《中国软科学》2008 年第 5 期。

郑秉文:《主权养老基金的比较分析与发展趋势——中国建立外汇型主权养老基金的窗口期》,《国际经济评论》2019 年第 3 期。

郑秉文:《中国养老金发展报告 2018》,经济管理出版社 2019 年版。

郑秉文:《机关事业单位养老金并轨改革:从"碎片化"到"大一统"》,《中国人口科学》2015 年第 1 期。

郑功成:《从地区分割到全国统筹——中国职工基本养老保险制度深化改革的必由之路》,《中国人民大学学报》2015 年第 3 期。

周渭兵:《社会养老保险精算理论、方法及其应用》,经济管理出版社 2004 年版。

周宵、刘洋:《中国基本养老保险统筹升级路径研究——基于政府间事权和支出责任视角》,《学习与探索》2019 年第 4 期。

周小川:《养老金改革考验我们经济学的功底和智慧》,《金融研究》2020 年第 1 期。

周忠辉、丁建勋、王丽丽:《我国财政收入影响因素的实证研究》,《当代经济》2011 年第 8 期。

邹铁钉:《延迟退休与养老保险制度并轨的财政及就业效应》,《经济评论》2017 年第 6 期。

Alcock, Pete, "Understanding Poverty: A Guide to the Concepts and Measures", *Journal of Social Policy*, Vol. 22, 1993, pp. 570−572.

Aleksandar Andonov, Rob M.M.J. Bauer, K.J.Martijn Cremers, "Pension Fund Asset Allocation and Liability Discount Rates", *Review of Financial Studies*, Vol. 30, 2017, pp. 2555-2595.

Alvaredo, Facundo, "A Note on the Relationship between Top Income Shares and the Gini Coefficient", *Economic Letters*, Vol. 110, 2011, pp. 274-277.

Andreas G.F. Hoepner, Lisa Schopohl, "On the Price of Morals in Markets: An Empirical Study of the Swedish AP-Funds and the Norwegian Government Pension Fund", *Journal of Business Ethics*, Vol. 151, 2018, pp. 665-692.

Brockner, Joel, Wiesenfeld, Batia M., Diekmann, Kristina A., "Towards a 'Fairer' Conception of Process Fairness: Why, When and How More may not Always be Better than Less", *Academy of Management Annals*, Vol. 3, 2009, pp. 183-216.

C.W.Sealey, James T.Lindley, "Inputs, Outputs, and a Theory of Production and Cost at Depository Financial Institutions", *The Journal of Finance*, Vol. 32, 1977, pp. 1251-1266.

Giuseppe Grande, Ignazio Visco, "A Public Guarantee of a Minimum Return to Defined Contribution Pension Scheme Members", *Temi di Discussione*, Vol. 13, 2010, pp. 3-43.

Holzmann, R., Hinz, R., "Old-Age Income Support in the 21st Century: An International Perspective on Pension Systems and Reform", Washington D. C.: The World Bank, 2005.

ITO, Nao, Yoshinobu MAEDA, Kentaro TANI, et al., "Evaluation of the Gini Coefficients Extended to the Case Which the Sum of Samples is Negative", *Sociological Theory and Methods*, Vol. 27, 2012, pp. 117-130.

Lijian Wang, Daniel Béland, Sifeng Zhang, "Pension Fairness in China", *China Economic Review*, Vol. 28, 2014, pp. 25-36.

Lluch, Constantino, "The Extended Linear Expenditure System", *European Economic Review*, Vol. 4, 1973, pp.21-32.

Martin Missong, Ingo Stryck, "Linear Expenditure Systems, Subsistence Levels and Welfare Payments", *Jahrbücher für Nationalökonomie und Statistik*, Vol. 217, 1998, pp. 574-588.

Rudiger Ahrend, "Monetary Ease: A Factor behind Financial Crises? Some Evidence from OECD Countries", *SSRN Electronic Journal*, Vol. 4, 2010, pp. 1-30.

Yvonne Sin, "China: Pension Liabilities and Reform Options for Old Age Insurance", Washington: World Bank Working Paper, 2005.

Yves Tille, Matti Langel, "Histogram-Based Interpolation of the Lorenz Curve and Gini Index for Grouped Data", *American Statistician*, Vol. 66, 2012, pp. 225-231.

Yavuz Yaşar, "The Crisis in the Turkish Pension System: A Post Keynesian Perspective", *Journal of Post Keynesian Economics*, Vol. 36, 2013, pp. 131–152.

Zhiguo Zhang, Yisheng Shao, Zongxue Xu, "Prediction of Urban Water Demand on the Basis of Engel's Coefficient and Hoffmann Index: Case Studies in Beijing and Jinan, China", *Water Science and Technology*, Vol. 62, 2010, pp. 410–418.

责任编辑：陈　登
封面设计：石笑梦
版式设计：胡欣欣

图书在版编目（CIP）数据

我国养老金缺口测算及对策研究/王立剑 著. —北京：人民出版社,2021.10
ISBN 978－7－01－023474－8

Ⅰ.①我… Ⅱ.①王… Ⅲ.①退休金-劳动制度-研究-中国
Ⅳ.①F249.213.4

中国版本图书馆 CIP 数据核字（2021）第 105600 号

我国养老金缺口测算及对策研究
WOGUO YANGLAOJIN QUEKOU CESUAN JI DUICE YANJIU

王立剑　著

人民出版社 出版发行
（100706　北京市东城区隆福寺街 99 号）

北京汇林印务有限公司印刷　新华书店经销

2021 年 10 月第 1 版　2021 年 10 月北京第 1 次印刷
开本:710 毫米×1000 毫米 1/16　印张:10.5
字数:150 千字

ISBN 978－7－01－023474－8　定价:30.00 元

邮购地址 100706　北京市东城区隆福寺街 99 号
人民东方图书销售中心　电话（010)65250042　65289539